裁判官！当職もっと本音が知りたいのです。

民事訴訟の説得力が上がる本

岡口基一・中村 真
原 章夫・半田 望・佐藤裕介・
横田雄介・岬 孝暢

学陽書房

まえがき

「民事訴訟における裁判官の本音を知りたい！」
「裁判官のぶっちゃけ話を聴きたい！」
本書は、そんな思いを持った弁護士が、裁判官の本音を求めて、有効な訴訟戦略等についてインタビューしたものです。

同じコンセプトである前作『裁判官！　当職そこが知りたかったのです。』（学陽書房、２０１７年）は読者から高い評価を受け、同書刊行後に岡口と中村が各地で対談形式の講演を依頼される機会が増えました。各地で講演を行う中で、弁護士が裁判手続の中のどの事項に関心があるかが明確になったほか、司法研修所教育の変化等に伴う実務の課題も浮き彫りになってきたことから、前作をアップデートする形で本書をまとめることとしました。

本書の第一部は２０２３年12月16日に長崎県で行われた研修「続・裁判官！　当職そこが知りたかったのです。」（九州弁護士会連合会主催）を編集のうえ収録したものです。同研修は九州弁護士会連合会研修委員会の岬孝暢（長崎県弁護士会）、横田雄介（長崎県弁護士会）が企画し、岬が扮する若手弁護士の悩みや疑問に、岡口・中村と開催地のベテラン弁護士代表である原章夫（長崎県弁護士会）が答えるという形で行いました。講演内容は岡口と中村が他の弁護士会で行った講演内容を元に、九州弁護士会連合会研修委員会、及び長崎県弁護士会の有志において関心のある事項を質問事項に加えて構成したものとなっています。

講演には会場・Ｚｏｏｍを含めて多数の弁護士が参加し、受講者からは高い評価を頂きましたが、より内容を掘り下げた続編の希望や講演内容をふまえた応用的な質問も多数寄せられました。そこで、これらに応える形で２０２４年8月に追加の座談会を実施し、第２部として本書に収録しています。

本書の執筆は岡口、中村のほか、長崎県での講演に登壇した原、岬、そして座談会の企画構成を担当した九州弁護士会連合会研修委員会の半田望（佐賀県弁護士会）、佐藤裕介（福岡県弁護士会）、横田が参加しました。また、書籍化にあたり、講演内容や座談会の内容を岬、半田が中心となって再構成しています。そのため、実際の講演内容とは異なる部分もあります。


本書は民事訴訟の各段階における裁判官の思考や感覚を踏まえた訴訟活動の工夫について、裁判官及び経験豊富な弁護士の視点から解説をしたものです。主な読者としてはこれから実務経験を積む若手法曹や司法修習生を想定していますが、ある程度の経験を積んだ法曹にとっても参考になる内容であると自負しています。

長崎での講演のアンケートからは、多くの弁護士が裁判官の思考の把握や裁判官に伝わる書面の書き方に悩んでいることがうかがわれました。また、特に若手弁護士では経験する機会が少ない控訴審の審理に対する質問も多く寄せられました。本書第2部ではこれらの点も掘り下げています。本書がこのような弁護士の疑問を解決し、今後の指針になれば幸いです。

本書の刊行にあたっては、学陽書房編集部の大上真佑様をはじめ、スタッフの皆さんに大変お世話になりました。特に大上様には長崎県での講演を書籍にしたいという突然の依頼に快く応じていただき、本書の企画段階から完成まで多大なご尽力をいただきました。ここに記して謝意を表します。

2025年3月

執筆者を代表して　岡口基一

中村　真

6 和解をしよう!　70

9 岡口さん、もうちょっと教えて！ 90

第 1 部

続・裁判官！当職そこが知りたかったのです。

第１部は、2023年12月16日に長崎県で開催された九州弁護士会連合会主催・長崎県弁護士会共催の研修会の内容を加筆修正したものである。

参加者

岡口基一　　　　原　章夫（40期）

中村　真（56期）　　岬　孝暢（67期）

1

裁判官は訴状をどう見る？

1 タイプ別「裁判官に刺さる訴状と訴訟戦略」

中村　では早速、岡口さんに質問していきたいと思います。代理人としては、「裁判官が書面をどういうふうに見ているか」に非常に関心を寄せているところかと思うんですけれども、「原告側を勝たせたくなるよい訴状」というのはどういったものでしょうか？

岡口　難しい質問ですけど、まあ一言で言えば、「簡にして要を得たもの」ですね。といっても、難しいですよね。本当に書面って、何十年経ってもうまく書けないですよね。

ポイントとしては、裁判官はとっても忙しいので、**「忙しい裁判官にいかに読んでもらう**

か」って話だと思うんですよね。なので、本当に「簡にして」っていうのがとても大事なんですけど、どういう訴状が効果的かというのは、裁判官のタイプによってちょっと違うような気もしますね。

岬　裁判官のタイプとはどういうものでしょうか？

岡口　私は、2つのタイプの裁判官がいると思っています。1つ目のタイプは、民事訴訟では裁判上の自白という制度があり、当事者が事実をねじ曲げてしまうことも可能であることなどを理由に、民事訴訟は**「相対的真実」であると割り切っている裁判官**（相対的真実主義の裁判官）です。

このタイプの裁判官は、立証責任で切ることに抵抗がなく、立証は立証責任を負っている当事者がすべきものであって、裁判官は補充尋問や釈明を極力控えるべきだと考えています。このタイプの裁判官は、「請求原因事実の存在が立証されていない」という判断をすることに抵抗がありません。

2つ目のタイプは、民事訴訟でも刑事訴訟と同じように**実体的真実を探したがる裁判官**（実体的真実主義の裁判官）であり、さらに、実体的真実の解明が裁判官の使命であると考えている裁判官と、自分であれば実体的真実の解明が必ずできるという自信満々な裁判官の2つに分かれます。

このタイプの裁判官は、立証責任で切ってしまうような判決はすべきでなく、ときには思い切った事実認定も必要であると考えています。このタイプの裁判官は、「請求原因事実の不存在が認められる」という判断ができるまで審理を続けたがります。

裁判官によってそもそもの発想が異なっているわけですから、代理人としても裁判官のタイプを見極め、これに合わせた主張や訴訟対応、例えば、早期終結させないようにしながら丹念に立証をしていくであるとか、積極的釈明や補充尋問がなされることを念頭に、これらに対する異議を出せるようにしておく等の対策をする必要があるのではないかと思います。

岬　たしかに、裁判官によって根本的な発想が違うのであれば、そのタイプに合わせて代理人の対応も変えていく必要がありそうですね。

中村　もう少し踏み込んで教えていただけますでしょうか？

岡口　実体的真実を知りたがる裁判官というのは、とにかく何でも知りたがるし、代理人と議論するときも、「裁判官、記録読んでませんよね」なんか絶対に言わせないタイプの人で、このタイプの方は、書面にいろんなことをたくさん書いても全部読んでくれます。むしろ貪るように読んでくれる。

他方で、相対的真実でいいと割り切ってる裁判官っていうのは、結局、訴状というのは請求原因の要件事実があればいいわけですから、そこに若干の肉付けしたようなものをまず書いてほしいんですよね。で、いろいろ言いたいんだったら、それが終わった後に、項目を分けて、「以下敷衍する」なんて書いてくれればいいので、そういう書き方をしてくれないと、ちょっとイラッとしますね。途中で事実がダラダラ出てくると、「なんかこの先生はダメだな、これ本人訴訟と変わんないじゃん」とか思っちゃって。こういうタイプの裁判官だと、まずはロジックを簡潔に示すほうが、ストンと頭に入るんじゃないかという気がしますね。

2 裁判官のタイプの見分け方

中村 実体的真実派の裁判官と相対的真実派の裁判官を見分ける工夫ってありますかね？

岡口 **裁判官の情報共有**をされるといいんじゃないですかね。「この人はこういう裁判官だ」とかね。ある大きな知財事務所は、東京地裁の知財部の裁判官を全員分析してましたよ。「この人はこっち系」とかなんとか。先ほどの2通りの分け方ではないんですけど。

あとは何回も当たっていれば段々わかってきますけどね。特に、釈明をどれぐらいやってくるかとか、補充尋問の量とか。そのあたりから「あ、こっちのタイプだったんだな」と、見分けていくしかないんじゃないですかね。

中村 そうですね。期日ごとの裁判官の一挙手一投足を見守ってちゃんとやることと、あとは情報を収集するという感じですね。

3 印象が悪い訴状

中村 逆に「こういった訴状はよくないんじゃないか」というのは何かありますでしょうか？

岡口　多分、先ほどの話の裏返しだと思うんですけど、相対的真実主義の裁判官にはいっぱい書いちゃうとダメなんですよね。要件事実以外のことをたくさん書きたかったら、先ほど述べたような書き方で後に回すみたいな感じ。そういう工夫をしたほうがいいんじゃないですかね。

あとは、少し視点が変わりますけど、**「この代理人は、こういう事件をあまりやっていないんだろうな」ということが訴状でわかっちゃうとよくない**です。例えば、労働事件の訴状が民法の答案みたいになっていて、労働法ならではの考え方が全然出てこなかったりすると、「ああ、この先生ダメだな」ってはじめから思っちゃいますね。なので、普段あまりやってない事件については、訴状を出す前に誰かに見てもらったほうがいいかもしれません。

中村　なるほど。弁護士の力量が透けて見えてしまう訴状はちょっと厳しいということですね。

岬　「よって書き」はすごく重要というふうに聞きますが、どうして重要なのでしょうか？また、「よって書き」がちゃんと書けていないと、代理人に対する印象は悪くなりますか？

岡口　「よって書き」は大事ですよね。今、特に要件事実教育をあまりやってないので、何が訴訟物かわかんない訴状ってありますからね。だから「よって書き」でちゃんと書いてもらいたい。「よって書き」は、主請求だけじゃなく附帯請求も書きますけど、例えば利率の根拠とか、利息発生期間の根拠とか、こういうのを全部正確に書いてくれてると「この先生は安心だな」って思いますね。

4　やったことがない事件に対応するには？

岬　弁護士になってしばらく経つのですが、まだまだやったことのない事件がいっぱいあります。訴状段階から信用を失ってしまうようなことにならないために何かできることってあるのでしょうか？　中村さん、いかがですか？

中村　私も、本当に全然やったことがない事件というのもあってですね、そういう事件に関する相談を受けるときは、まず最初に、日弁連のeラーニングで関連しそうなものを2倍速で聞いたり、同種事件の経験のある弁護士に、その人が使っている実務書を教えてもらって流し読みするといったようなことをしています。

5　要件事実以外に書いてほしいこと

原　訴状には主要事実や重要な間接事実はもちろん書くと思うんですけど、他にも裁判官の側から、「ここは書いておいてほしいな」ということがあるのであれば教えていただけますか？

岡口　そうですね。もちろん**要件事実プラスその肉付けが基本**なんですけど、例えば、争点になりそうなところに関する重要な間接事実は項を改めてしっかり書く。そういったメリハリはちゃんつけてほしいですね。

ちょっと話が変わりますけど、皆さんが意外と書いてくれなくて裁判官が困っているのは、例えば男性とも女性ともどっちでもとれるような名前の当事者っていますよね。こういうとき、裁判官は、書いてもらわないとその人の性別がわからないんですよ。いつまでたってもわかんなかったりして（笑）。あと、年齢とかもですよね。この辺も、代理人の皆さんは依頼者にいつも会ってるからわかってるんですけど、書いてもらわないと裁判官はわからなくて、**当事者尋問で初めて「あ、こんな人だったんだ」みたいな**。そういうことがあるので、裁判官は依頼者を見ていないという前提で、そのあたりを書いてもらえるとありがたいかなと思います。

原　実は、長崎で民事裁判官との協議会をやったときにも全く同じことが話題になりました。「当事者の顔が見えないと、どういう経験則を適用すればいいのかがわからない」という裁判官からの指摘もあります。どんな経験則がその人に適用されるかをわかってもらうために、訴状の時点で当事者の人となりについて書いておかなきゃいけないということですか？

岡口　ええ。結局、**経験則って、当事者がどういう人かで当てはまり方が違ってくる**ので、早い段階でまず当事者の人となりは知りたいですね。

6 ストーリーを示すことは間違い？

原　いろいろな書籍を読むのですが、「当事者双方がまずそれぞれのストーリーを示して、裁判所は双方のストーリーを見て、より合理的なストーリーに沿って事実認定するんだ」ということが強調されているものもあります。ただ、これは必ずしも正しくないのでしょうか？

岡口　ストーリーというのは、「直接証拠がないので、間接事実によって主要事実を立証しなきゃいけない」というような場面の話、つまり、**立証の話**なんですよね。で、「間接事実をつなげていって、1つのストーリーを作って、それを裁判官に納得してもらおう。そういう立証をしましょう」みたいなことを今の司法研修所ではすごいやってて。それは、間違ってるか間違ってないかじゃなくて、立証の方法としてはそれでいいと思うんですね。ただ、それを主張のほうでしてもらうと困るということです。「主張は要件事実でやってね。立証はストーリーでいいんだけど」っていうことです。

村田渉元判事が『金融法務事情』（金融財政事情研究会）に「今の若い人の書面はなっとらん」ということを書かれていたのですが、これも要するに「今の若い代理人はストーリーで書いてくる」っていうことなんですよね。だからストーリーを示すこと自体は間違ってるんじゃないんだけど、それは立証の話なんですよって、主張書面はちゃんと要件事実にしたがって書きましょうねって、そういうことだと思います。

2 裁判官から見た答弁書・準備書面

うーん、
さすがに
これは
ちょおっと
多いかな～。
未済箱

1 タイプ別「勝てる答弁書」

中村　前作『裁判官！　当職そこが知りたかったのです。』（19頁）にもあるように、訴状である程度、裁判官のファーストインプレッション、心証を引き寄せたほうがいいということなんですけど、逆に被告代理人の側としてはどういった答弁書を出せば有効ですか？

岡口　相対的真実主義の裁判官は基本的に一緒で、抗弁に関してもちゃんと要件事実を踏まえた記載をして、それに若干の肉付けをする。で、その後で言いたいことがあれば説明する、多分その形式を踏んでいれば大丈夫ですね。

実体的真実主義の裁判官はまた厄介で、主張という構造をほとんどもう無視していますね。で、自分で真実を見つけにいったりして、自分でその事件を組み立て始めたりするんです。こういう裁判官は答弁書もある程度予想してるんですね。こういうのが出てくるんだろうな、とか。で、結局その予想の範疇を出なかったら、「あ、やっぱりね」「俺の見立てはやっぱり正しかったね」って感じでさらに自信を深めてしまうだけです。なので、そういう裁判官の時は、生の事実でインパクトのある反論をしたほうがいいです。もう要件事実云々ではなくて「こんなふうに事実は全然違うんですよ」と、生の事実で勝負したほうがよかったりしますね。

中村　答弁書以下の書面を書くときに頭を悩ませるのが、主張部分以外の相手の主張に対する認否のところなんですけど、これをつぶさにやっていくと、逆に煩雑じゃないかなというとで、いろいろ気になったりするんです。認否の詳しさというのは、ある程度グラデーションをつけたほうがいいんでしょうか？

岡口　うん、そうですね。ここもね、難しいんですよ。というのは、基本的に認否って民事訴訟法上どういう意味があるかっていうと、結局、**「主要事実を認めちゃったら裁判上の自白になる」という以上の意味ってないん**ですよ。で、あとはどこが争点かがわかる。それぐらいですよね。

だから、主要事実をうかつに認めてしまわないように、皆さんもちろん注意されてると思うんですけど、そこが大事でそれ以外はもう別に認否ってなくてもいいくらいなんですよね。

で、今、特に厄介なのは、ストーリー型の訴状になっている場合です。主要事実と全然関係ない話がいっぱい出てくるので、それをいちいち認否しなきゃいけないのかって話になっていて……。でも、正直ほとんど認否はいらないですよね。だから、訴状がそういう本人訴訟みたいなストーリー型になっていたら、答弁書で「請求原因の要件事実はこうなっています」って整理して、そのうえで「ここを認否します」とか、面倒ですがそれぐらい徹底すると「被告側のほうが弁護士の能力が上だよ」みたいな感じになるし、いいんじゃないかなと(笑)。とにかく、**ストーリーの全部について認否する必要はない**んじゃないかなと思ってますね。少なくとも法律上の意味はないですよね。

2 裁判官にとって「ありがたい準備書面」

中村　相手方の主張で、「こんな主張は採用されないだろうな」とか、「こんなこと言っても仕方ないよ」っていうようなさまつな主張が出てきたりするときに、それに対していちいち反論したほうがいいのか、それとも無視したほうがいいのかも結構悩むんですけど、そこはいかがでしょうか？

岡口　裁判官って、ものすごく事務処理能力が高いので、さっささっさと判決を書けちゃうんですけど、悩むのは、排斥しにくい、しかも結構遠い事実、再々間接事実みたいなところの潰し方でね、そこのあたりになると結構潰しにくくなってきます。でも裁判官はプライドが高いので、そこでも「こういうロジックがあるので、これは認められますね。でも、ここはこういうことでダメです」みたいに、**すごく説得的に潰したいん**です。だから、そこを当事者が準備書面でしっかり書いてきてくれるとすごくありがたくて。「ああ、こういうロジックで潰せばいいんだ」とかね。とってもありがたいんで、そういった反論があると判決起案はすごい捗るんですよ。だからそういうことをいっぱい書いてくれると「もうこっち勝たせちゃう」と思うくらいなので、それはそれで意味があることなんですね。

ただ、あまりにもどうでもいい主張、裁判官が判決を書くときに「ここはさすがに説得的に書かなくてもいいだろう」とか、「これはさすがに軽くいなしてもいいだろう」と思うぐらいのところは、別に詳しい反論がなくても裁判官も困らないので、そこは軽くいなしてもらえればいいんですけど。あとは、その裁判官の能力や経験の問題もあって、若くて経験の浅い裁判官だったりすると、「そういう細かいところもしっかり潰してくれてると助かる」っていう人もいるかもしれませんけどね。

3 裁判官は書面の形式を気にする?

岬 「あの主張、どこに書いたっけ?」みたいなことが増えてきたので、最近、準備書面にサブタイトルをつけるようにしているのですが（「準備書面◯　原告の求釈明に対する回答」、「準備書面◯　誰々の勤務履歴等について」等）、裁判官から見るとどうなんでしょうか？

岡口　相対的真実主義の裁判官は、まず概略を知りたがるので、そういう意味ではいいのかもしれませんね。「この書面はこういう種類ですよ」ってことでね。

原　私も、準備書面にはサブタイトルをつけるんですけど、その上で、まとまった主張を割と長めに書くときには、冒頭に「本準備書面の目的」とか「要約」とかいった項を立てて、だいたい5～10行ぐらいでサマリーをつけるようにしているんです。要するに裁判官に「早くわかってもらおう」っていう意図がある。

とりわけ複雑な事件、例えば医療訴訟とかであれば、訴状の冒頭で事案の概要をまずまとめる。それがまとめられないと「自分が事件を理解できていない」と思えるので、そういう作業をするようにしてるんですけど、これは裁判官も助かっているのでしょうか？

岡口　裁判官は、とにかく時間がないんですよ。例えば医療訴訟の分厚い準備書面なんかね、「もう本当に見るのも嫌」って感じで。書記官がどさって持ってくるんですけど、僕はすぐには読まないです。もちろん前の日には読むんですけど、1週間前にどさって出てもね。**「いや、これ無理。今日無理」って感じですね（笑）**。ただ、原さんみたいにサマリーを書いてくれていると、「じゃあそこだけでも読もうかな」って気になるので、一応そこだけ読んでね。それでまた書記官室に戻すって感じなので、「この先生は長い書面にはサマリーを書いてくれる」と思わせればとっても有効だと思いますね。

原 ときどき、強調したいところにアンダーラインとかフォントを変えて大きな文字を使う人もいるんですけど、あれを見るとイラッとするんですよ。大事なことは自分でわかるし、大事なところには自分で線を引きたいのに、なんで勝手に線を引くんだって思うんですけど、裁判官はあれをどういうふうに見ているのでしょうか？

岡口 同じ感覚ですね。「いや、あなたに引いてもらわなくてもわかるよ」って感じです。判決だって引いていないですしね。まあ後で判例雑誌社が引きますけど。ここが大事だよと伝えたいのであれば、文章力があれば、こういったものに頼らず表現できるわけですよね。だからそういう書面を見ると、「この人は国語力がないんだな、だからアンダーラインでやろうとしてんだな」とか思っちゃったりするぐらいなので、アンダーラインを引いたりはしないほうがいいですし、**普通の文章を普通の感じで書いていただくのが一番**だと思います。

岬 いわゆる裁判所書式っていうんですかね？「37文字26行、12ポイント。フォントは明朝体で書け」と研修所で教わったので、私はそれで書いているんですけど、それ以外の形式やフォントで書かれた書面は、裁判官にはどう見えるんでしょうか？

岡口 普段読んでいる書式が一番読み慣れてるんですよ。だから普通の、標準的な書式で書いていただくのが一番ありがたいですね。まあ、他のでも読みますけど、「すごく読みにくいな」って思いながらみんな読んでいます。あとは、文字が小さいと、ご高齢の方にはなかなか厳しいので、その辺も意識していただきたいと思いますね。

4 攻撃的な表現は大丈夫？

原　代理人によっては、すごく攻撃的な表現の書面が出ることがあるんです。こういう言い方をすると申し訳ないですけど、東京のように数が多いところの弁護士が相手方代理人の時によく経験します。こういう書面も依頼者に見せるわけですが、依頼者はやっぱり頭にきて「反論してくれ」って言うんですよ。私は、「いやいや、これは内容がなくて、主張立証が弱いから、こういう攻撃的になってるだけで、我々はもっと冷静な表現にしていいんですよ」って言うんですけど。実際、裁判官はこういう攻撃的な表現をどう見ていますか？

岡口　**裁判官も困ります**よ。裁判官だって、本当は和解したいんだから。全部ぶちこわしですよね。だから、相手方に直送する前に一回、裁判官に見せてほしいって思うぐらいです。本当迷惑ですよ、あれね。裁判官的には本当にやめてほしいです。

5 主張書面はどんなに長くても読んでもらえる？

原　相手方代理人から出てきた書面が10枚を超えちゃうと、なかなか読む気になれません。多分、裁判官も同じような感覚ではないかと思っているんですけど、裁判官の場合は、どんなに長い書面でも必ず読むには読むんですよね？

岡口 裁判官は、「主張書面は読め」という教育をずっと受け続けるんですよ。だから、裁判官は、**主張書面は必ず読む**んです。でも、証拠はそういう教育を受けていないんですよ（笑）。だから、大事なことは全部主張書面に書いておいたほうがいいんですよね。証拠は見てくれない可能性がありますから。

「主張書面は絶対読む」という教育を受けてはいるのですが、ちゃんと読むか斜め読みするかはまた別問題なんですけどね（笑）。だから、書面は短いに越したことはないです。

岬 裁判官から見て、文章が短すぎたり、長すぎたりして困るとか、読んで意味がわからないということを、感じることはありますか？

岡口 短すぎて困ることはないですけど、裁判官はとにかく忙しいので、**意味もなく長いのは時間の無駄**なので困りますね。

6 「箇にして要を得た書面」にするための工夫

中村 ところで、原さんや岬さんが「箇にして要を得た書面」にするために工夫されていることってありますか？

原 まず、分量はどんなに長くても10枚までと決めています。10枚で書けないようなものはないだろうっていう。それから、構成を練るのに時間をかけますね。どういう順番でどう書くかによってわかりやすさはやっぱり変わると思っているので、構成は十分練る。その上で、項目立てて実際に書いていくんですけど、各項にはその中に書いてる内容が一目で分かるようなタイトルをつけておく。そうすると、後でそのタイトルだけ読めば、「あ、これこう言ってたんだ」っていうのがなんとなくつかめるので、そんな工夫をしています。後は、必要に応じて要約（サマリー）を書くようにしています。

岬　私は、訴状を短くしすぎて、裁判官から「もうちょっと事情を書いてもらえませんか？」と言われたことがあるので、最初に要件事実を書いて、その後に、事情をある程度ストーリーで書いていますが、分量は10枚以内で収まるように頑張っています。

中村　協議会などでも具体的な数字として出ているところなので、私も10枚が一つのラインかなと思っています。また、私は、どんなに長くても推敲に2晩以上はかけないようにしています。ずっと見てると直したいところが出ちゃうので。

あとは、結構準備書面に脚注をつける人がいますけど、最近何かの文献に「脚注は主張として捉えられないおそれがあるというのは覚悟しとけ」みたいなことが書いてあったので、脚注は使わず文章もできるだけ簡素なものとすることを心がけています（脚注については129頁も参照）。

7 書面の提出期限は守るべき？

中村　書面は期日のだいたい1週間ぐらい前が提出期限になっていますが、提出された書面って、裁判官はどのタイミングで読んでいるんですかね？

岡口 だいたい1週間前に出るとして、提出されると書記官が裁判官室に持ってきて、一応ね、その時にざっと見ますね。で、期日が迫ると、期日の前の日にちゃんと読みます。だから2回見る感じですかね。

中村 となると、多少提出期限を過ぎてもそんなに問題はないということなんでしょうか？

岡口 まあ、裁判官は忙しいんで、ちゃんと読むのは前の日になっちゃうんで、**確かにおっしゃる通りなんですけど（笑）**。ただね、一応1週間前にもざっとは見るんですよ。そこが結構大事で、ざっと読んで1週間考えてくるんですよね。裁判官って因果な職業で、寝てる時もお風呂に入ってる時もずっと事件のことを考えてるんですよ。だから**1週間前に出してもらえると、考える時間が確保できる**。それが結構大事だったりするんですよね。

あと、直前に出したらダメな理由は、裁判官がそれ（直前提出）を理由にして書面を読まないんですよ。「直前だったので読めませんでした」とか法廷で平気で言うでしょう（笑）。裁判官は、とにかく忙しいので、できれば後回しにしたいんですよね。なので、「直前に出てきた。ラッキー。直前だから読めませんでしたって言える」と思って読まない（笑）まあ、そういうこともあるので、そうするともう1回期日が延びて、またその期日も、反対側の代理人が直前に出してきたら、また1回延びたりとかかね。そういうふうなので、やっぱり期限は守ったほうがいいんじゃないですかね。

3 証拠に関する弁護士のギモン

1 証拠は原本で？

中村 証拠提出するときに原本で出してたけれども、期日で原本を忘れてきて「あ、すいません。提出は写しで」という光景をよく見るんですけど、やっぱり成立に争いのない書証であったとしても、原本があれば原本を出すべきなんでしょうか？

岡口 新任判事補は、裁判長から必ず「とにかく原本はちゃんと見なさい」って言われるんですよ。「原本にはいろんなことが書いてあります」と。「判子の色がどれぐらい若いか」（※判子の印影は経年で変化する）とかね。「原本は隅々まで全部見ろ」って、最初に教育を受けるんですよ。だから、裁判官は必ず**「原本を出せ」って言うと思います**ね。

例えば書籍とかはまあ別にいいですけどね。他方、処分証書的なものは、「成立に争いがなくてもちゃんと原本を出せ」と裁判官は言うと思います。ただ最近はね、「原本かどうかはどうでもいい」って言ってる人もいるので、ちょっと裁判官によりけりなんですけど。ただ、大方の裁判官はそういう教育を受けてきてると思いますね。

2 大量の証拠を見てもらうには？

中村 事件類型によっては大量の証拠を出さないといけない。まあ、医療訴訟なんかもそうなんでしょうけど、最近は不貞訴訟とかでもＬＩＮＥの履歴を一気に出すことがあったりします。裁判官の視点から、こういうふうに工夫してくれると助かるな、みたいなことがありましたら教えてください。

岡口 やっぱり基本的な発想としては、裁判官は忙しすぎるっていうことで、**いかに証拠を読んでもらうか**だと思いますね。裁判官は、主張書面は読めっていう教育を受けてるんですけど、証拠はそういう教育を受けてないので、証拠を隅々まで読んでる人は少ないですね。

もちろん、実体的真実主義の裁判官は結構遅い時間まで証拠もすごい読んでたんですけど、一般的な裁判官は証拠はそんなに見ていない。

重要部分の抜粋はいいと思いますね。「抜粋があればそれは見ます」みたいな感じで裁判官も考えていると思います。そうじゃないと、もう見ないと思ったほうがいいかと。

3 大量の証拠を見てもらうための工夫

中村　岬さんや原さんが大量の証拠を出すときの工夫を教えていただけますか？

岬　「あんまり加工しすぎると嫌がられる」という話を聞いたことがあるので、私はあんまり細かく手を加えるということはしていません。ページ番号をつけたりとか、引用する際に詳しく特定するくらいですかね。

原　私の場合は、マーカーって後で色あせたり、コピーを取る時に白黒だったらわかんなくなったりすることもあるので、下線をつけたり枠で囲んで出すことが多い気がします。あと、本当に大量で一覧性がない場合には、それらの証拠の重要な部分の抜粋だけを表にまとめて出すと喜ばれるんじゃないかなと、そういう工夫をしたことがあります。

4 証拠説明書を活用しよう

岬　昔はもう少し緩かったと思うのですが、最近は、証拠説明書をつけてないと証拠を出させてくれないぐらいの勢いだと思うんですけど、裁判官は証拠説明書をどう活用されますか？

岡口　裁判官はね、要するに証拠を見る暇はないんだけど、**証拠説明書は、１枚しかないから見るんですよね（笑）**。証拠説明書を提出させるというプラクティスを徹底させようとしてるぐらいなので、そこはちゃんと見てますね。

中村　証拠説明書で結構悩むのが、立証趣旨の書き方なんですね。どこまで書いたらいいのか、例えば、もう主要事実レベルで、ぱっと「この事実に関する証拠だ」っていうことまで書いたら足りるのか、それとも、もっと詳しく書いたほうがいいのかっていうところなんですけど、そこはいかがでしょうか？

岡口　裁判官はあんまり証拠を見ないと思ったほうがよくて、でも証拠説明書はしっかり見てると。で、そこはちゃんと活用しようっていうプラクティスが浸透しつつあるので、しっかり書いたほうがいいと思いますね。見るんだから（笑）

だから立証趣旨も、端的にこういうもんだっていうふうに書いておくと、「ああ、そうなんだね」って、なんかあたかも証拠を見たような気分になれるし、**証拠説明書で裁判官にその証拠の価値をすり込ませる**ってことが結構重要なポイントじゃないですかね。

原　立証趣旨が重要だということはよくわかってるんですけど、どこまで書くべきかちょっと悩む時があって、特に間接証拠の推認過程なんかを記載すると、結局、証拠を引用した準備書面の記載と同じになっちゃうんですよね。

結局、準備書面をコピペして立証趣旨欄に貼り付けるだけみたいになっちゃって。本当にそれでいいのかなと思いながら、まあ仕方ないからと貼り付けてるんですけど、なんかもっとうまいやり方があるんですかね？

岡口　そうですね。**あんまり長いとね、今度は証拠説明書を読まなくなりますね（笑）**。あとは、多分その準備書面にも記載があるわけですから、「第○準備書面の何ページをご覧ください」って準備書面に誘導したりとか。そういう使い方もできるんじゃないですかね。

5　主張や証拠の提出時期

中村　代理人サイドでは、主張や証拠をいつのタイミングで出すかは結構考えたりするんですけど、一般論としては、主張や証拠で訴状と一緒に出せるものはもう出しておいたほうがいいのでしょうか？

岡口　そうですね。ここは、前作『裁判官！　当職そこが知りたかったのです。』（19頁）にも書かせていただいてますけど、裁判官はもう訴状でファーストインプレッションを持っちゃうんですよね。それで心証をとっちゃうので、そこでまずガツンと原告の勝ちと思わせないとダメです。裁判官はしばらくその心証に拘束されるんです。だから**最初はとても大事**なので、ベストエビデンスを最初から出して、もうガツンと裁判官にこっちの勝ちだとすり込んじゃうっていうのはとても有効だと思います。

中村　なるほど。代理人としては戦略もいろいろあって、裁判所が言うほど先出しっていうのができないときもあったりはするかなと思うんですけれども。

主張や証拠の提出のタイミングに関しても、裁判官のタイプによって違いはありますか？

岡口　そうですね。確かに、相対的真実主義の裁判官というのは、わりと冷静に「まず請求原因が出たんだな」「次は抗弁が出るな」という感じでやってくれるので、そういう順番に沿って出していくのが、多分、頭に入りやすいんじゃないかと思いますね。

実体的真実の裁判官はね、あの方々、結構自信満々なので、最初の見立てをまずしちゃうんですよね。「これはこういう事件に違いない」って。裁判官の中には、事件の見立てが上手い人がときどきいて、みんなから一目置かれるんです。だいたいその方の言う通りになっていくんですよ。いやすごいなと思ったりするんですけど、そういう方なんかだと、後出し後出ししちゃうと、最初の見立てに影響しちゃうんで、やっぱり最初からベストエビデンスで、最初の見立てをしっかりしてもらう。

で、そのタイプの方はすごいプライド高いんで、最初の見方をなかなか崩さないんですよ。だからあんまり後出しとかしないほうがいいんじゃないですかね。そういう方の対策としてはね。

岬　中村さんは証拠や主張の提出時期について工夫されていることってありますか？

中村　前の本で岡口さんと話をしてからですけど、訴状でファーストインプレッションをとるという観点から、まず出せるものは最初にバンと出すようにはなりましたね。

ただ、ここは裁判所と意見が分かれてしまうところではあるんですけど、先出しをすると「嘘をつかせて叩く」っていうのが絶対にできなくなっちゃうじゃないですか。だからそういう決め球があるケースについては、提出時期は考えるようにはしていますね。

岬　原さんはいかがでしょうか？

原　第一印象で裁判官の心証をとったほうがいいっていうのはまさにその通りだと思っていて。私も、とにかく早い段階で裁判官の心証をとりたいタイプなので、たいていのものは何でも最初に出しちゃいますね。

岬　それは被告側でも同じですか？

原　被告側でも答弁書でまず叩き潰したいというタイプです。**「いかに早い段階で裁判官の心証をとるか」が勝負**というのは、被告側でもそうだと思うんですよね。だからこそ、最初に全部の証拠を出すっていうのが基本。ただ、証拠にも重要度があるので、何も考えずに無駄な証拠まで出すのはかえって裁判官をイラっとさせるだけなのかなとは思います。

6　後で出てきた重要証拠

岬　主張と証拠は早いほうがいいというお話だったんですけど、意図的に後出しするわけじゃなく、訴訟の途中で重要な証拠が出てくることもあるんですよ。打ち合わせをしていたら、「先生、なんでこの証拠出してくれないんですか！」みたいに言われて、「いや、それ、今日初めて見たんですけど……」みたいなことがあったり。そういう場合は裁判所から見るとどういうふうに映るんでしょうか？

岡口　要するに、結構大事な証拠なのに、後から出てきちゃうパターンですよね。こういうことは、**裁判官は結構気にしてますよ**。皆さんが思っている以上に気にしてますね。大事な証拠が途中から出てくると、「なぜ今出したの？」ってものすごい考えますね。裁判官室でもね、すごい話題になって、みんなで話し合うんですね。「これなんで今出したんだろうね？」とか言ってね。ものすごい気にしてます。裁判官は。

岬　そうすると、そういう重要な証拠があとからポロッと出てきてしまったような場合は、出てきた経緯について説明をしておいたほうがいいのでしょうか？

岡口　いいと思いますね。裁判官はものすごく悩んでますから、「なんで今出したのか」ということを説得的に説明したほうがいいです。

そうしないと、その証拠の価値がすごい下がっちゃったりします。たとえば、「今作ったのかもね」とか考えてしまったり、印鑑の印影の色がまだ若いように見えてきちゃったりするので、そこはちゃんと説明したほうがいいと思いますね。

4 争点整理、どう進めるか

そんなに同時に
あれこれ言われても
わからないので、
ここらで
一回、争点を
整理してみましょか。

1 争点整理が再び話題になっているわけ

原　私が弁護士になってまもなくの頃だと思うんですけど、裁判所にそれまでなかったラウンドテーブルが置かれたんですよ。当時は弁論兼和解っていって争点整理が強調された時期があったんです。で、最近また争点整理が話題になっているような気がしていて、これって何か裁判所内での動きを反映しているものなんでしょうか?

岡口　これはそうですね。ちょっと前まで、「合議の充実」をやっていたのは皆さん知ってますよね。あれはむしろ裁判官の育成の話だったんですけど、裁判長が左右の陪席を一緒に育てようということで、合議充実だと。でも（最高裁）民事局の方針が変わって、結局尻切れとんぼで終わっちゃって。

多分民事局長が変わったからだと思うんですけど、今度は「争点整理をやろう」と言い始めて。で、民事局はね、とにかく民事訴訟の平均審理期間をすごい気にするんですよ。統計の数字が民事局長の成績表だと思ってて、だから**民事局長はとにかく審理期間を短くしたい**と。なのに、民事訴訟の審理期間がダラダラ延びてて。それは多分争点整理をちゃんとやってないからじゃないかと。結局ね、書面陳述、書面陳述で次回期日を決めるだけのような弁論準備がずっと続いているんじゃないかとか疑ってて、じゃあ争点整理をやろうと。

実は、平成8年の民訴法改正前は争点整理なんて全然やってなかったんですけど、この法改正で争点整理が入った。で、やり始めたのにもうほぼ形骸化してますよね。例えば弁論準備の結果陳述なんて、何もやらないですよ、今はね。本来はちゃんと書面にまとめたりしてやるはずだったのに、もう全然やってなくて。「結果を陳述しますね」「はい」なんて言ってそれで終わりにしたりして（笑）

それでね、民事局が「争点整理やるぞ」ってすごい大号令をかけたんですが、それからもう7年ぐらい経ちますね。最近は判例タイムズの論文とかで裁判官が争点整理のことを書いたりしている。皆さんもよくご覧になってると思うんですけど、ああいうのも結局その流れなんですよね。今はその大号令を受けて、「とにかく争点整理をしなさい」という民事局からの指令が下ってると。まあ、そういうことです。

原　現実に裁判官に接してると、確かに争点整理に熱心な裁判官もいらっしゃるんですけど、そうでもないなっていう印象を持つ裁判官がいるのも現実のように思うんです。その大号令があってもそういう差ってあるんですかね？

岡口　それはそうですよ。だってそれは裁判官の独立ですよ、それこそ（笑）。だから民事局が大号令をかけても従わない人は従わないですね。民事局が授業参観みたいに見に来るわけじゃないですからね。争点整理には問題点もあったりするので、平成8年民訴法改正の時は「すごいのができたからみんなやろう」って言ってたのに結局やらなくなって今に至ってるわけでね。裁判官の考え方もいろいろあって、民事局の目を気にする人もいれば、あんまりそういうのはどうでもいいって人もいたりします。

2　争点整理は代理人主導で？

原　争点について、当事者間、裁判官も含めてかと思いますけど、認識が違うんじゃないかなって思うことがありませんか。相対立する代理人間でも、例えば被告の立場で「原告の過失の構成はなんか注意義務の立て方が違うんじゃないか」とか。「請求の法的構成がしっくりしないよな」とか思ったりすることがあるんですけど、そういうときって議論が噛みあわないまま期日を重ねちゃったりするんですよね。それって裁判所としてみると、争点整理は代理人任せでいいっていう感じなんですか？　それとも裁判所が介入すべきなのか。私は期日が無駄に続いている時は裁判所に整理してもらいたいなって感じてるんですけど、いかがでしょう？

岡口　この質問にはいろんな意味が含まれていて非常に難しいんですね。もうちょっと一般論にしますけど、1つ、今大きな問題になっているのは、争点というのはどうやって出てくるかという点です。セオリーだと要件事実ですね。主要事実のうち、相手が否認しているところが争点なんです。昔はそういうルールがちゃんとあったので、請求原因だったら請求原因に必要な主要事実が全部あって、で、相手が否認してたらそこが争点だってことで、争点が何であるかは誰から見ても明快だったんです。

ところが、今は、ストーリー型の訴状になっちゃったりしてて、セオリーによって導かれる争点とは別に、現実社会でお互いに争ってる争点ってあるんですよね。今どっちかっていうとそっちがクローズアップされてて、それだと、本人同士の争いとあまり変わらなくなってくるんですけど、まあそういう、そもそも**争点の決め方がよくわからなくなっている**ところから来てる問題点がまず1つあります。

あとは、先ほども話に出ましたが、**裁判官の中に、争点整理に非常に熱心な方とそうでない方がいる**という問題点ですね。で、裁判官が争点整理に熱心じゃないと、結局みんなの認識がずれたまま最後まで行ってしまうんですよね。それがそのまま高裁にきて、高裁でイチから争点整理をやり直すこともあるので、例えば、弁護士会が一審協とかで「ちゃんと争点整理やってくださいね」とか、「基本は要件事実。否認されている主要事実が争点なんですよ。基本にちゃんと立ち戻ってくださいね」とか、そういう話をされたらいいんじゃないかと思ったりもしますね。

3 裁判官の引き継ぎの実務

岬　裁判の途中で裁判官が異動により交代することがありますけど、交代後の裁判官の訴訟指揮が前任者とまったく異なることがあって、従前の弁論準備手続での議論が引き継がれているのか不安に思うことがあります。裁判官が交代するとき、個々の事件はどのように引き継がれるものなのでしょうか？

岡口　ここも難しいんですよね。一応、引き継ぎメモって作るんですね。でも、引き継ぎメモをちゃんと作る人もいれば、あんまり作らない人もいたりして。というのは、**次の裁判官をあまり拘束したくない人もいる**んです。次の裁判官は次の裁判官のやり方でやってもらいたいと思う人もいたりして。

建前としてはちゃんと争点整理をやっているってことになってるので、本当は、それまでの方針は全部弁準の調書を見ればわかることになってるんですけど、現実はそうはなっていないですね。

最近は着任してきた裁判官がまず大雑把に事件の内容を知りたいので、双方代理人にまとめ書面を書いてもらうという、そんな甘えた裁判官も増え始めてるって話を聞きましたけど、ただ、いずれにしても、後の人に影響を与えたがる人と、後の人の独自性を強調したい人の両方いて、そこは様々だったりしますね。

4 新しいツールの影響

岬 最近、mintsやMicrosoft Teamsが使われるようになってきたと思うんですけれども、これは争点整理に何か影響を与えていますか？

岡口 今までは口頭だったから、「あの裁判官、前回期日とまた同じこと言ってた」なんていうこともあったと思うのですが、こういうのも防げるし、チャット機能などでちゃんと文字が残っていくので、便利なツールじゃないかなと思っています。

5 専門訴訟の争点整理

原 医療訴訟の取扱いが結構多いのですが、裁判官によって医学的知見に関する知見の差は当然あるんですね。医療専門部はもちろんですけど、専門部じゃない裁判所はほんとにまちまちで、例えば、長崎地裁であったり、九弁連管内の地裁はどうかっていうと違う。そのときに代理人として、裁判官がどの程度の知識を持っているという前提で主張立証をすべきかっていうのがあって。

私は、基本的には「裁判官は医学的知見はありません」っていう前提なので、訴状に、「前提となる医学的知見」という項を立てて、そこに医学的知見を書き込む。成書（※権威ある先生が書いた王道のテキスト）だったり、ガイドライン、事典等の記載を書き込むっていうふうにしてるんです。ただそのときに医学系の記述って我々にはちょっとなじめない記述が多くて、わかりやすいものを探すのに苦労するんですけど、裁判官から見るとそういうやり方はどうなのかなっていうのも聞いてみたいなと思います。

岡口　基本的に裁判官ってキャリアシステムになってて、ＯＪＴで育成してるんですね。だから、**未成熟な裁判官がいることも制度的には前提**になってます。とりわけ専門訴訟なんて、初めてやるときはもうほぼ素人だと思っていい。だから、本当にわからない人にはイチから教えないとダメだと思いますし、私も福岡地裁行橋支部で支部長をやってた時はまだ9年目、判事補でしたけど、建築訴訟もやってました。代理人がちゃんと教えてくれるんですよね。例えば「サラカン（監理）とタケカン（管理）の意味知ってますか？」とか言われて「いや、わかりません」とか言ったら、「ああ、タケカンっていうのはね……」とかなんとか教えてくれる。もちろん今ならわかりますけど。だから、タケカンとかサラカンとかすら知らないんですよ、裁判官ってね。特に若い裁判官とかだとイチから教えなきゃいけないんじゃないですかね。

岬　全然わかっていない裁判官もいるということだったんですけど、専門訴訟の場合、原告側が具体的な瑕疵とか過誤について主張できないというケースもあると思うんですよ。そういう場合、裁判所はどうやって対応されるのでしょうか？

岡口　専門訴訟についてはね、専門部が中心になって、プラクティスを改革してきました。だから私や原さんが30年前にやっていた頃とは全く違う。今は効率的な訴訟運営がされるようになりましたね。特に、一番大変なのが建築なんですよね。建築に関しては、やっぱりもう専門委員、あるいは調停に回すっていうのが、結構主要なプラクティスにもなってきていて、だから今、建築訴訟が来たら、もう調停に回しちゃおうってことで、それならもう間違いないですもんね。わかんないんだから、裁判官は。

医療訴訟はね、調停は全然まだこれからで、未発達なんですね。そういう場合は本人に代理人をつけてもらうとか。「本人じゃ無理ですよ」って感じでね（笑）。そこは今なんとか工夫しながら、あるいは被告に頼りながらなんとかやってるって感じですかね。医療訴訟はもうちょっと効率性が上がるように、審理方針自体は建築訴訟みたいに変えていく必要があるかなと思ってますけどね。

岬　今、「被告側に頼って」という話があったんですけど、原告がどうしても具体的な主張をすることができないという場合、被告側としてはどこまで対応したらいいんでしょうか？この点は、本人訴訟も一緒かもしれないですけど。

岡口　被告は様子見でいいと思いますけどね。後は裁判官がどれぐらいフォローするかでね。で、裁判官がフォローしないんだったら、請求認容なんかできるわけないんだから、それは別に様子見でいいんじゃないですか？

原　専門訴訟の関係のお話なんですけど、例えば、医療訴訟で相手方に有利な文献があるっていうのは知ってるんですけど、こちらとしては、あえてそうではない文献を証拠で引用して主張してるんですよね。で、相手方は有利な文献に気づいてないまま、終わっちゃうっていうようなことがあって。なのに、判決では勝手に裁判官が相手方に有利な文献を引っ張ってくるんですよね。

あれってすごくがっかりすることがあって。裁判官っていうのはそういう専門的な知見とかも、自分で文献などを調べられるんですかね。また、そういう対応をどう思われますかね？

岡口　それは専門部かどうかでもだいぶ違いますね。東京地裁の医療集中部には、医学書がいっぱいあって。医療集中部が出している本に、「うちの医療部にはこういう本があります」というのをリストアップしたのが載っていたりもします。

他方、医療集中部がない裁判所は無理じゃないですかね。裁判官室にだって、医療の本なんて何冊かしかないし。実体的真実主義の方々はそれでも、なんかネットとかでいろいろかき集めてたりとかしますけどね。

で、あとはね、弁論主義の第3テーゼに専門的経験則が入るかどうかという論点になりますよね。入るんだったら、裁判官が勝手にそういうのはしちゃいけないって話になりますし。こういう場合は、**専門的経験則を争点化しておく**といいと思うんですね。弁準とかで争点にしてもらって、双方から出してもらう。そうしておくと、裁判官がそれ以外の専門的経験則を用いちゃうと、それ自体不意打ちってことで、控訴理由とかにできるので、そこはね、危ないと思ったら、そういう工夫をされたらいいんじゃないかなと思ったりしますね。

6 裁判所からのオーダーへの対応

原 立証責任がない側に対して、裁判所から証拠の提出を促されるようなことがありますよね。例えば、医療訴訟で「医療機関が医療記録を証拠として出しなさい」とか、労働事件だと「労働者が持っていないタイムカードとか日報みたいなものを会社側が出しなさい」とかって。基本的には応じていると思うんですけど、裁判官として、なぜそのような釈明やそういう立証を求めるのか？ 代理人はやっぱり応じるべきなんだろうなということの確認なんですけど、ご意見いただければと思います。

岡口 要するに医療訴訟などで、例えば責任論は本来、原告が主張立証すべきなのに、被告の方にある程度説明しろとか、そういう話ですよね。実体的真実を求める裁判官は、お構いなしにそういうことを言ってきますので、それはまあそれなんですけど（笑）。相対的真実主義の裁判官の人も、あまりにも当事者間の格差、知識の格差とかね、そういうのがあるときはそうやることがありますね。本人訴訟のときとか、あと医療訴訟の患者は本人がやってて、相手がお医者さんだったりするとね。やっぱり専門的な知識の格差があまりにもあるので、それを埋めるために、まあやってくださいとかね。

あと行政訴訟もね、「本来違法性の立証責任は原告にある」と言いながら、事実上は、国の方に全部させてますよね。そういうのって、伝統的に「裁判所は立証責任で切るな」「実体的真実をちゃんと追求しろ」って流れだと思うんですけど、そういう観点もあるのでご理解いただきたいと思います。

岬 医療訴訟や行政訴訟以外ではない一般的な事件で、実質的にはただの否認のような求釈明、「相手方の主張を裏付ける証拠を出してください」みたいな求釈明が相手方当事者から出されることがあるんですけど、これにどこまで付き合ったらいいのかなっていうのはちょっと悩むところですが、いかがでしょうか？

岡口 求釈明ってね、基本的に裁判所に釈明を求めるものなんですよ。釈明は裁判所がやるんですよ。

例えば、準備書面の最後に求釈明って書かれてますよね。これの対応は、本来は裁判官がきちんと弁論準備手続期日とかで議論しないといけないんですね。それで裁判官としても釈明が必要と思えば、相手方の代理人に対して、「釈明に答えてもらえますか？」って話を持っていく、そういう流れだと思うんですよ。本来裁判官がそれをしなきゃいけない。当事者が悩む場面じゃないような気もしますので、そこはちゃんと弁論準備手続期日の時とかに、**裁判官に議論をちゃんとしてもらう**ようにすればいいのかなって気もしますね。

岬　ぜひ議論したいところなのですが、全部スルーして当事者に投げられる裁判官もいらっしゃるんですよね……。

5 法壇側から見た尋問を知りたい！

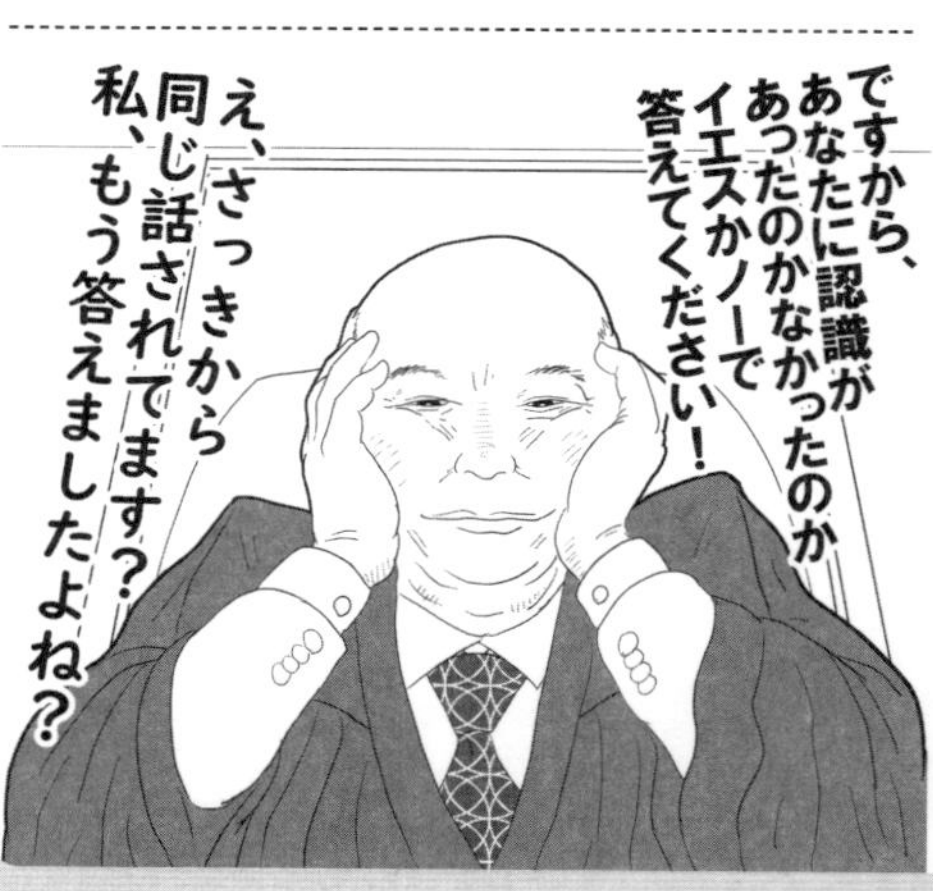
ですから、あなたに認識があったのかなかったのかイエスかノーで答えてください！
え、さっきから同じ話されてます？私、もう答えましたよね？

1 そもそも尋問で心証は変わる？

中村 「尋問に入る前に裁判官の心証はもう大方決まってるケースが多いんだ」というふうなことを言う人もおられるわけなんですけど、岡口さん、この点についてどうお考えですか？

岡口 いや、**尋問で随分変わりますよ**。裁判官は、尋問をやって心証を変えることがよくあるんですよ。

例えば、当事者の人となりとかね、そういうのがわかるんですよね。尋問で当事者本人を初めて見るわけですよ。で、「ああ、こういう感じね」とか、あとはいろんな情報が尋問の中にはバンバン出てきて、結構イメージが変わったりとかね。そういう経験を何度もするので、多くの裁判官は、尋問は絶対必要だというふうにだんだんなっていきますね。「やっぱり尋問やんなきゃわかんないね」ってね。そういう人が多いんじゃないかなと私は思うんですけどね。

2 陳述書と証拠申出書の使い方

岬 陳述書にどの程度まで書いておくのがいいのかは毎回悩むところなんですけど、どの辺まで書いておく必要があるのでしょうか？

岡口 プラクティスとしては、裁判官は、まずは陳述書で心証とりましょうと。で、「尋問は、その陳述書でとった心証が正しいかどうかを検証する時間です」っていうことなんですよね。

つまり、尋問では、裁判官は「自分の心証に間違いないか」ということを検証しているだけなんです。ということは、**陳述書の段階で心証がとれなきゃいけない**んで、やっぱりそのぐらいは書いていないとダメだってことですよね。

とにかく、「陳述書で裁判官の心証をとるんだ」と思って書いて、尋問には頼らないことですね。「まず、陳述書で完全に心証をとらせちゃう。で、それを尋問でちゃんと確認してもらおう」ってね。そのレベルまできちんと書き込むことですね。

岬　人証を申請する場合、陳述書のほかに証拠申出書を提出することになりますよね。こちらもどこまで書けばいいのかいつも迷うのですが、証拠申出書の尋問事項欄などは、どれくらい書いておけばいいものなのでしょうか？

岡口　今のプラクティスだと、基本的には陳述書がまず出て、尋問もそれに沿ってやる。裁判官は前の日に陳述書を読むので。まあ、もっと前にも読んでますけど（笑）。尋問事項の順番だってわかっているので、そういう意味で同じレベルで2つはいらないかなって思ったりもするんです。

ただ、時間がない時とかは証拠申出書を見て**「あ、今日はこういう段取りでやるんだな」とパッとわかるのがいい**と思うことはあります。

3 陳述書が採用されなかった時代

岡口　私とか原さんの時代はいろんな考え方があって、陳述書の提出をそもそも認めない裁判官とかいましたよね。「陳述書、あれは許せない」と言う人がいたり、そういう時代もあったんです。昔はね。今はそういう方はほぼいなくなってますけど。

岬　私が修習生になった平成25年頃にはもう陳述書が定着していたような気がするのですが、陳述書が採用されないなんてことがあったのですか？

中村　私は平成14年に京都で修習したんですが、その時の隣の民事部の裁判官が、陳述書を採用しないという方だったんです。直接主義を貫徹するんだということで、修習生も非常に興味深く見てたんですけど……。まあ**担当の書記官さんは、死にそうな顔をしてましたね**。本当に。それでも一応事件は回ってたんですけど、もう最近はそういうのはあまり見なくなったのかなというふうに思います。

4　主尋問は成功して当たり前？

中村　「主尋問は成功して当たり前だから」みたいなことを言われることがありますが、私が登録4年目ぐらいのころ、反対尋問をやらないといけない側で、徹夜で頑張って準備したのに、相手方が主尋問で大崩れして、主尋問が終わったところでもう和解の話が始まってしまったという、非常に悲しい思いをした記憶があるんです。主尋問が崩れるっていうのは、裁判官から見て致命的なんですかね？

岡口　それはやっぱり代理人の能力を疑いますね。ちゃんと準備してたらそうはならないわけなので、崩れちゃったってことは、要するに事前準備が全然できていないんですよね。
もちろん呼び出しだと違いますけどね。

5　裁判官は何を意識して聞いている？

原　主尋問・反対尋問をやっている時に、裁判官は何を意識してその尋問を聞いているのでしょうか？

岡口　ここも裁判官のタイプによりますが、相対的真実主義の裁判官はわりと尋問を素直に聞いてくれますね。いろいろ伏線を張っていって、最後は結論に落としていくんですけど、その流れがちゃんとあると、相対的真実主義の方はわりと素直に聞いてくれるんです。けど、実体的真実を重視する方って、意外とそうでもなくて。要するに主尋問って仕込まれてるんですよね。全部。リハーサルがいっぱいあって、ちゃんと練習した上での証言ですから、そういう意味で信用性ないんだと思ってるんですよね。

むしろ、そういう流れとは別に、なんか他の話がいろいろ出てきちゃったりしたりとかね。余計なことを言ったりとか、むしろそっちのほうが大事で。そこって仕込まれてないので、結構生の表現で証拠価値が高かったりしてね。むしろそういうところを見てる人もいますね。

裁判官がやっぱり尋問が大事だと思うのは、本人尋問だと**本人の人となり**がわかったりとか、**本来立証したいこと以外のところ**が見えたりするからです。そっちが結構響いたりして、「あ、こういう系の人なのね」とか、「こういう系の人はこういう経験則にしなきゃダメだね」みたいな感じで、要するに立証趣旨そっちのけで、別のところで心証をとっちゃったりしてるので、そこも意識して尋問したほうがいいような気もしますね。

6　主尋問だけ答えられる証人

岬　たまに、主尋問にはスラスラ答えられるのに、反対尋問には全く答えられない証人がいますが、裁判官にはどのように見えているのでしょうか？

岡口　**基本的にはとても印象が悪い**ですね。主尋問は答えを丸暗記してきただけで、実際の信用性はとても低い証人だと思われかねません。ですので、事前の反対尋問対策は重要ですし、本番でも、代理人がうまく異議などを挟んで、フォローする必要があります。

7　聴かせる反対尋問

岬　民事・刑事を問わず、反対尋問って本当に難しいですよね。「尋問でうまく崩せたな」と思っていても、証言の信用性が否定されるケースというのは意外と少ないように感じます。中にはほとんど人格攻撃みたいな尋問をされる方もいますけど、裁判官が考える「よい反対尋問」とはどういうものでしょうか？

岡口　そうですね……（笑）。いろんな**伏線を張っていって、バンと主尋問を覆したら一番気持ちいい**ですけど、なかなかそういうのはないですよね。

供述を崩せないときは、あとはその**証人の信用性をいかに下げるか**しかないですよね。攻め方はまあいろいろあると思うのですけど、さらに別の嘘を吐かせて、「それはウソでしょう」と追及したりとかね。まあ、いずれにしても反対尋問が難しいのは確かですね。

岬　相手方にだけ必ず客観的な証拠と矛盾している証言とか、従前の主張と矛盾しているような証言が出てくればいいのですけどね……。

こういう反対尋問しやすい証言が出てこない場合、シンプルに疑問をぶつけてもうまく言い逃れされてしまいますので、将棋のB面攻撃みたいに、なにか別の切り口から反対尋問をしなければならないのですが、前作『裁判官！　当職そこが知りたかったのです。』の「「尋問バッチリだったのにこの判決？」という疑問が生じるワケ」・「補充尋問についての考え方」（51～55頁）だと、事実認定の手法にもつながる話として、「裁判官は、その人にそういうことをする動機があったか、その動機に従って動いたと考えておかしくないか（動機があればやる（できる）人か）」というふうに、動機を中心に考えて検証しているということが書かれていましたよね。

そうすると、反対尋問でも、「Aをしたかどうか」という核心部分に近い周辺事情だけではなくて、そういった行為に至った動機の有無であるとか、動機があっても実際は行為に至らなかったのではないかといった視点から尋問事項を考えるというのは有効なのでしょうか？

岡口　**裁判官は動機から行動を理屈付けるのが好き**ですから、たとえそれが真実でなかったとしても、裁判官の心証を揺るがす一つの武器となり得そうですね。

岬 少し話が戻ってしまいますが、裁判官が動機を中心に考えて検証しているということであれば、主尋問でも、主要事実に近い核心部分だけじゃなくて、そこに至った動機や原因の有無とか、その動機に従って動いた（動かなかった）理由といったような背景事情まで聞いておいたほうが、より説得的な尋問になるということでしょうか？

岡口 そうですね。主尋問の場合、もちろん、主要事実に近い核心部分を言わせるのが最大の目標ですが、動機も了解可能であれば、裁判官としても胸にストンと落ちますよね。

岬 あまりに遠い背景事情まで聞いていると、時間切れになったり、気の短い裁判官に「その質問、必要ですか？」なんて介入されてしまったりしそうなので、やりすぎは禁物ですけど、ある程度は聞いておいたほうがよさそうですね。

ところで、「反対尋問は、基本的にイエスかノーかで答えられるようなクローズな質問でしたほうがいい」と書いてある本もあるので、ほとんどクローズな質問で反対尋問をやってみたりもするのですけど、そうするとずっと私がしゃべってるような感じになっちゃいますよね。あれって裁判官側からすると、聞いていてもつまらないんじゃないかな、なんて考えたりもするのですが、いかがですか？

岡口 反対尋問で代理人がバーっと質問して、証人は「はい」とか「いいえ」しか答えないっていう、そういう感じですよね。ちゃんと落としどころで落とせるようになったらそれでもいいと思いますけどね。余計なことを言わせて、それで不利にならないための戦略なのかなと思って聞いていますね。

8 補充尋問はしますか？

原　補充尋問も裁判官によってよくする人もいれば、ほとんどしない人がいたりするんですよね。話の流れから岡口さんは補充尋問はあんまりしないんだろうなと思いながら聞いてるんですけど、そのあたりはいかがでしょう？

岡口　ほぼしてないですね。ずいぶん前だから当時のことをご存じの方は少ないかもしれませんが、私が以前に福岡地裁行橋支部にいたときも、ほぼしなかったですね。

というのは、私は、実は相対的真実主義なんですよ。民事訴訟ってしょせんね、既判力だってその当事者間にしか及ばないし、その程度のものだと思っているので、当事者がやった主張立証の結果で判断すればいいと考えているタイプなので補充尋問もあんまりしないんです。ただ、唯一やるとしたら、原告と被告のストーリーが両方とも「真実と違うなぁ」と思うときがあって。「あ、これ多分、両方違うんだな」と思うときは、ちょっと真実を知りたくなって、本当のことを知りたくて補充尋問をしたりしますけどね。まあ、滅多にはないですけど。私はそういうタイプじゃないんでね。

だから、普段補充尋問をしない裁判官が補充尋問をし始めたら、「あれっ」と思ったほうがよくて、それは多分、「両方のストーリーが違うと思っている」ということです。

9 尋問に介入しますか？

原 相手の代理人の尋問で、核心に触れてないし心証にも影響しなさそうなところを長々と聞いているようなときがあって。そういうときってなかなか代理人としては異議を出すこともできないので、「結論は変わらないみたいだし、もういいのでは？」と言って介入してくれるのを期待したりすることもあるんですけど、裁判官はそういうことはしてくれないんですか？

岡口 それは**裁判官による**と思うんですよ。

すごい仕切りたがりの方っていますよね。法廷ですごい仕切りたがる人って、やっぱり実体的真実主義の方が多いんですけど、マウントをとって、尋問にもバンバン介入する裁判官がいるんですよね。ただ、多くの裁判官は、すごく我慢強くてちゃんと聞いてくれます。多分、反対当事者の代理人としてもイライラしてるんでしょうけど、裁判官がすごい我慢強く聞いてる感じで。まあ、あまりにもひどかったら、異議で何とかしていただきたいって感じですかね。

中村 私は、逆に、尋問の持ち時間を結構厳しく言われるようになってきてるので、相手方代理人があんまり関係ないところを聞いてると、「時間使ってくれてるなあ」と、ニコニコしながら聞いているタイプですね。

10 民事でも異議は出しますか？

中村　皆さん、異議を出したりはしますか？

岬　いつでも異議が出せるよう、毎回異議リストのような手控えを用意しているのですが（69頁）、民事だとあまり出さないですね。ただ、こちらの依頼者が反対尋問などですごく困っていたりすると、なんか無理やり理屈をつけてでもちょっと一回止めようかなと思って異議を出したりすることがあります。

原　そういう意味での異議は出さないですね。完全に誤解に基づいて質問している時はさすがに違ってきますけど。まあ、基本は相手方の代理人の時間なので、こちらはいろいろ言わない、っていうスタンスです。

11 実質証拠と弾劾証拠

中村　弾劾証拠の話です。私、一度、裁判官に期日の中で「これは弾劾証拠として使うのはもったいない」と言われたことがあるんです。「実質証拠として使うべきものなのに、弾劾証拠まで提出を遅らせてしまったら、実質証拠としての使い方ができないから」という趣旨だったんですけど、裁判官としては実質証拠と弾劾証拠って峻別する方が多いんですか？弾劾証拠として出されたものについては、もうそれは立証のほうには使わないんだという考え方が一般的なのですか？

岡口　要するにもう証拠調べに入っているわけですよね。ということは、争点整理が終わってるんですよ。争点整理が終わって、尋問の後で出してきたら時機後れの話になるので、それはもったいないですよね。だから、そういう意味で**証拠力の高いものであれば、時機後れにならないうちに提出しておいたほうがいい**んじゃないですかね。

岬　弾劾証拠で出した証拠を、控訴審になってやっぱり実質証拠として使いたくなった場合、証拠の再提出というのは許容されるものなのでしょうか？

岡口　その場合は、要するに、最初は弾劾証拠として申請しているわけですよね。で、再度同じ証拠を申し出して、その時は立証趣旨を変えて実質証拠として出すっていう形になると、今度は、控訴審における時機後れの話になるんですよ。ただ、控訴審はそんなに時機後れをうるさく言わないこともあったりして、通ったりすることもありますけど、基本はやっぱり尋問の前に、争点整理の段階で出すのが、ベストじゃないですかね。

岬　やっぱり証拠は早く出したほうがいいんですね。

12　弾劾証拠の有効活用

岬　私はあまり弾劾証拠を使ったことがないのですが、「これはうまく活用できたな」みたいなケースがあったら、ぜひ教えていただきたいです。

中村　私はあんまりないんですけど、1つパッと思い出すのが、交通事故の事案ですね。「怪我して動けない」と言ってたので、弾劾証拠としてレンタカーの記録を出したっていうことはありましたね。神戸から姫路って結構距離があるんですけど、それを2往復半できるぐらいの距離を運転できてたでしょう、ということで出したんですけど、それが有効活用できた唯一の記憶です。

原　私も弾劾証拠を提出することはほぼないですね。あったとすれば、依頼者が「これを尋問の時にぶつけてほしい」と言うんで、「あんまり意味ないな」と思ったんですけど、「まあそこまで言うんだったら出しましょうか」と出したくらいで。まあ意味なかったですけど（笑）。本当に重要な事実に関する弾劾証拠だったら、そもそも先取りして自分の主張の中で言っとくべきという気がしますね。

■尋問当日用の手控えの例

異議の根拠	異議の対象	理由例
規則115条1項	時期・主体が不明確な質問	時期/主体が特定されていない点で質問が具体的ではありません。
	抽象的な質問	○という点で質問が具体的ではありません。
	一問一答でない質問	質問が複数になっており、個別的ではありません。
規則115条2項1号	侮辱的質問	証人を侮辱するための質問です。
	困惑的質問	証人を困惑させるための質問です。
規則115条2項2号	誘導質問	不相当な誘導尋問です。証人の証言に不当な影響を及ぼします。
	誤導質問	誤導質問です。証人は○としか証言していませんので、前提に誤りがあります。
規則115条2項3号	同じ問いを繰り返す質問	重複質問です。すでに証人は（同じ質問に）○と答えています。
規則115条2項4号	争点と無関係な質問	本件の争点とまったく関連性のない質問です。
規則115条2項5号	意見や推測を求める質問	証人が自ら体験した事実に基づかない、まったくの意見（推測）を求める質問です。
	仮定を置いた質問	仮定的な質問であり、意見を求める質問と同じです。
規則115条2項6号	伝聞的な事項について聞く質問	証人が直接経験していない事実についての質問です。
規則114条1項2号（3号）	範囲外の質問	反対尋問（再主尋問）の範囲を超えた質問です。主尋問（反対尋問）にあらわれた事項と関連する質問でも、証言の信用性に関する質問でもありません。
法203条	書面が残存	証人は示された書類に基づいて陳述しています。

※規則は民事訴訟規則を、法は民事訴訟法を指す。

6 和解をしよう！

1 和解のタイミング

中村　裁判官には「判決よりも和解」との思いがありそうですが、和解の話をするタイミングは？

岡口　主張整理の間に1回、主張整理が終わったところで1回、あとは尋問が終わった後の1回、全部で3回ぐらいのタイミングがあると思います。

2　和解成立のための工夫を教えて

中村　和解を成立に導くための工夫や配慮をしていたことがあれば教えてください。

岡口　私、和解はね、基本的に「私のほうでこういう和解をしたい」というのをまず言わないんですよ。じゃあどうするかというと、代理人に聞くんですね。「この事件ってどういう解決だと可能性ありそうですか？」ってことを聞いてまず代理人に言わせる。実際、私は記録しか読んでませんので、代理人のほうが事情に詳しいのは間違いないんですね。解決の方向性とか、解決の可能性は代理人のほうが詳しく知ってるに決まってるので、私はまず自分の意見を言わずに、先生方の両方の意見を出してもらって調整する。そんな感じでやってますね。

原　他に、和解成立のために意識していることとか、こんな工夫をしているっていうのがありましたら、そこを教えていただけませんか？

岡口　今お話したようなこともあるんですけど、あとは、いろいろな情報を入手して、例えば、訴訟物以外のことでも譲歩ができるようなことがあったりすると、そういうのを使って和解のネタにしたりとかね。だから**いろいろな情報が欲しかったりします**よね。

和解のときは、いきなり話し合いに入るんじゃなくて、まずいろいろな事情を聴いたり、記録に出ていないことを確認したりして、「こういうのは譲歩材料にならないかな」とか思いながら話を聞いて、考えたりしてますね。

3 先に呼ばれるのはどっち？

原　和解に呼ばれるのが後か先かで意味が違うという話もあるんですけど、どうなんですか？

岡口　あれはどういうことかというと、要するに勝ってる当事者を説得するのは非常に大変なんですよ。１００％勝つ人に対して、「あなたは2割負けなさい」っていうのはなかなか言いにくいんですよ。判決なら１００％勝てるのに、それを「80％で我慢しなさい」ってすごく言いにくいんですよね。だけど、逆にゼロになる人に対して、「20％もらえるから和解しなさい」ってすごく言いやすいんです。「判決だったらゼロなんですよ。でも20％もらえるならそれでいいでしょう」ってことで。だから、**普通は先に呼ぶのは勝つほう**なんです。で、勝つほうをまず説得して、「あなた、２割負けなさい」と。で、「わかりました」とまず言わせるんですね。そこまで固めたらほぼ和解ができるんです。次に、今度は負けるほうを呼んで、「向こうは2割払うって言ってますよ。でも判決だとあなたゼロですけど、どうします？」って言ったら、「わかりました」って言うので。だから先に呼ぶのは、勝つほうなんです。

4 難しい和解交渉

原　裁判官に対して敵意をむき出しにしているような代理人の方もおられたりしますね。「難しい依頼者の手前、和解に抵抗しているような姿勢を見せているのかな」ということも思わないではないんですけど、こういう代理人は裁判官からどんなふうに見えているんですか？

岡口 裁判官に対して攻撃的な代理人って、皆さんのところではあんまりないと思うんですけど、東京では最近増えてきましたね。若い弁護士が特に……。今は修習も短いし、弁護士間の交流がすごく少なくなってる気がして、それで多分業界の暗黙知を知らなくなってる感じがしますね。「そういうのはよくないんだ」っていうのを誰からも習わないんですかね。そうすると和解の解決もできなくなっちゃうんで、まずその攻撃的な代理人を説得するところから始めなきゃいけないんですけど。もうその作業も本当大変で、だいたい途中で嫌になっちゃいます。

岬 「もう和解して払ってもらったほうがいっぱいもらえるんじゃないですか」みたいな形で説得されることが多いと思うんですけれども、これ以外のちょっと変わった理由で和解の話が進んだとか、まとまったっていうお話はあったりしますか？

岡口 さっき言ったような周辺事情を聞きだして、訴訟物以外から譲歩を持ち出すとかはありますね。あと、よくやるのは分割にさせるときの懈怠《けたい》条項ですよね。「『2回怠りで期限の利益を失う』っていうことで分割にさせよう」と言って、もちろんその債務者側は飲むんですけど、債権者側に対しては「いや、どうせあの人はすぐに2回怠るから大丈夫だよ」とか言って飲ませちゃったりなんかね。

岬　説得するのが難しい依頼者の場合、「裁判官からお話してもらえたらまとまるんじゃないかな」と思うこともあるんですけど、こういうときは、裁判官に積極的にこちらから「本人連れてくるんで説得してもらっていいですか？」って言っていいものなんでしょうか？

岡口　それは**裁判官によるん**ですよ。それをすごく好む裁判官と、そうじゃない人がいますね。結構、本人訴訟でひどい目にあった裁判官っていて、弁準に本人を入れたらものすごい罵倒されたりとかね。そういう裁判官は本人対応はもうコリゴリと思ってて、「説得は全部代理人の方でお願いします」なんて言うんですけど。

逆に、本人と話すのがすごい好きな裁判官もいて。代理人を介さないで直に話せるんで、かえって話が通ったりするんですよね。それで、まとまりやすいからすごくいいという人もいる。私も本人と話すのは好きだし、本人訴訟はほぼ和解しましたよ。だから私はわりと好きですね。ただ、地域性があって「裁判官が言ったから、じゃあ従います」という人が多い地域もあったりもするんですが、そうじゃない地域もあったりして……。そうするとまずね、その人との人間関係を作ったりしなきゃいけないので。結構時間をかけてやるんですけど、私はそういう作業も嫌いではなかったです。

5　和解したいときは裁判所に連絡していい？

岬　主張書面ではバチバチやりあってるけど、本当は和解したいっていう事件もあります。ただ、書面に書くとなんか弱気な感じがするので、裁判所にだけ「和解したいです」と伝えたいなと思うこともあるんです。けど、それはそれで期日外に連絡するとフェアじゃない気がして、ちょっと憚られるところもあるのですが、そういう、「本当は和解したいです」っていうのを書記官さんを通じてお伝えしたりすることってどうなんでしょうか？

岡口　フェアじゃないという感覚はとてもいいと思います。それは大事な感覚だと思うんですけど、**実際はやってますよね、皆さん（笑）**。書記官どころか裁判官に電話していますよね（笑）。書記官室を通じてですけど、裁判官に電話して、「あの事件の○○代理人です」とか言って、直に連絡してる。

で、裁判官もやってますもんね。裁判官も一方の代理人にだけ電話して、「こんな感じでどうですか？」とか言ってやってるので、まあお互い様って感じがしますよね。国の代理人にもどんどん電話して、「この書面出すのやめたらどうですか？」とか言ってます。そういうことを裁判官もやってるし、遠慮せずにやっていいんじゃないかなと私は思いますけどね。

岬　ちょっと安心しました。どうしてもという時は電話したいと思います。

中村　私の経験でもそうですね。協議会とかでよくそういう話をするんですけれども、裁判官としては歓迎してくれますよね。やっぱり和解で解決したほうがいいということで、「いつでも電話ください」とおっしゃる方も結構多いです。

7 判決書はどのように作られる？

1 最終準備書面を出させてください!?

岬　尋問が終わった後の準備書面については、裁判官の方からいろんな言われ方のパターンがあると思うんですけど、「もういいですよね」みたいなことを言われたり、「出しますか？」みたいに聞かれたり……。で、「もういいですよね」って言われたときに、「いや、ちょっと尋問で出たことがあるので出したいです」って言っても、「まあ出してもらえば事実上見ますけど」と言われるのは、裁判官としてはどういう意図なのかというのをぜひ教えていただけたらなと思います。

岡口 裁判官としては、**すぐに判決を書けるときは早く終わりたい**んですね。裁判官は（最高裁）民事局から「とにかく審理を短くしろ」っていつも尻をたたかれているので早く終わりたいんです。結論が決まってるんであれば、もう1期日増やすのにはかなり抵抗感があって、早く1件既済で終わらせたいんです。だからそういう場合はもう書面いらないです。でも逆にまだ悩んでて、できたらもうちょっといろいろ調べたいとか思ってる時は、いいチャンスなので「最終準備書面を出してください」って言ってもう1期日入れたりして。そんなふうに、裁判官がどれだけ心証を固めているかっていうことが裏にあったりするんですよね。

それから、「事実上見ますけど」というのは、弁論は終結するけど、終結後に提出された書面であっても、事実上見ますという意味ですね。その書面は、終結後提出だから、陳述扱いにはなりません。裁判官は、そういう書面は、本来読まなくてもいいのですが、「事実上見ます」と、代理人に約束しているわけですね。代理人はあくまでも弁論の続行を求めているのですが、こういう事実上の約束をすることで、弁論の終結に応じさせるものです。

岬 陳述する場合、最終準備書面にどういうことが書いてあると、裁判官的には嬉しいですか？

岡口 結局、裁判官は書面を読むのが基本的に嫌いなんですよ。だから1つ増えると、それだけ読まなきゃいけない書面が増えるから本当は迷惑なんですね。だから基本的には出してほしくないんですよ。で、**ただ、尋問の内容の評価、証拠評価はまた別**で、それは参考になるので出してほしいんです（最終準備書面については132頁も参照）。よくあるのは、今までの全部の準備書面をまとめたような書面で、こういうのが出てくると、それは、同じ内容を2回読まされただけなんで本当に迷惑でね。それはあんまり好きじゃないんですね。ただ、ときどき、若い裁判官とかだとそういうダイジェスト版が便利っていう人もいるので、裁判官にもよるんですけど。そういう人だと、ダイジェスト版でも出してあげると親切かもしれませんね。

岬　裁判官のタイプによるということですね。

2 心証はいつ固まる？

原　暫定的なものとはいえ、訴状と答弁書が出た段階で最初の心証をとられるということでしたが（本書40頁）、現実にその訴訟が進行していく中で、暫定的な心証が最終的な心証と異なることがあるのか、あるいは、もう心証は最初から最後までほぼ一致してるのか、実態はどうなんでしょう？

岡口　心証が変わらない事件が多いです。というのは、証拠調べというか尋問する事件なんてそんなにないですもんね。債務名義を取るだけの事件も多いですから、割合でいけば、心証は最初のままの事件が多いと思いますね。

岬　一度抱いた心証は変えづらいものなのでしょうか？

岡口　特に自信満々の実体的真実主義の裁判官は、自分の見立てはもう正しいって信じて揺るがないので。あの方々は自分の直感を一番信じてますね。「一番正しいのは私だ」みたいな感じで。相対的真実主義の裁判官のほうがわりと柔軟に「ああ、こっちのほうが証拠価値が高いね」とか、客観的に分析したりしてて、ここも裁判官のタイプによって違う感じがしますね。

原　当然、判決を書くときには心証を固めてると思うんですけど、その心証は一体どんなふうにして出来上がっていくのかを教えていただきたいと思います。わりと直感で決めてるんじゃないかなと思うこともあるし、本当に証拠を読み込んで、証拠能力とか信用性とかを比較検討してるんだなと思う時もあるので、実際はどんな感じなのか教えていただけないでしょうか？

岡口　基本的に心証がとれないと終結できないので、**終結までには心証がとれてますね**。そうじゃないと、終結した後でいろいろ考えると大変なことになっちゃうので。みんなそういう失敗はするんです。で、それを経験して、必ずきっちり心証をとれてから終結するっていうふうになっていきますね。

原　判決を書くときに困ったり迷ったりした場合、他の裁判官にも相談することはあるんですか？

岡口　同じ裁判官室のほかの裁判官には聞いてますね。裁判官はＯＪＴで事件を通じて育成するってことになっているので、特に裁判長は陪席の相談をちゃんと聞きますし、陪席が担当している単独事件についても相談は聞く、そういうのも含めて裁判官を育成するって話になってますから、むしろ制度として認められていることなんですよね。

原　判決を書く時には心証は固まってるっていうお話なんですけど、実際に書いてると心証が変わってくるってこともあるのかなっていう気がしますが、そういう時って弁論を再開されているんでしょうか？

岡口　そこはね、結構、裁判官の誠実さによりけりだったりするんです。審理を終結しちゃったら本来そこで終わりなんですよ。裁判官は何度もそれで失敗して、慎重に終結するようになるんですけど、いざ判決を書き始めて心証が変わることってあるんですよね。

実際に心証が変わっちゃった場合でも、弁論を再開することについて、基本的に裁判官はものすごく嫌がりますね。だからあんまり弁論の再開はないと思うんですよ。もう仕方なく最初の心証のまま判決しちゃう人もいるし。もうちょっと誠実な人になると、弁論の再開の仕方として、「これは合議体で判断するのが相当と思いました」とか言って、合議に回したことを理由にして再開するとかね。自分の心証が変わったっていうのは、要するにきっちり審理しないで終結しちゃったっていうミスなんですよね。ミスはなんとしても表に出したくないのでいろんな工夫はしてるんですけど、そういうこともときどきあります。その失敗を踏まえて、次は失敗をしないようにって反省をしてますね。

岬　合議事件での合議というのは、実際のところどんな流れでされてるんですか？

岡口　地裁は、主任裁判官が左陪席なんですよ。だから、左陪席が裁判長の指導を受けながら心証をとって、裁判長と2人で話し合っています。で、それに右陪席が加わって部屋で合議する時間があって、その時に合議メモとか見せてもらって、右陪席はわりと第三者的にものを言う感じですね。岡目八目って言いますけど、第三者的な意見もあったほうがいいんで、これはこれでいいんですけど。こういう形で3人で合議して心証を作る感じです。

8 元高裁裁判官に聞く控訴審のホンネ

なんやこの判決…。
こんなん差戻し待ったなしやん。

1 高裁裁判官に響く控訴理由書・控訴答弁書

岬　控訴事件はあまり件数がないこともあって、控訴理由書にどういうことを書いたらいいのかあまりわかっていないんです。

高裁裁判官に響く控訴理由書の書き方はあるでしょうか？

岡口　高裁にどういうふうに記録が回ってくるかというと、まず、原判決と控訴状を書記官が裁判官室に持ってくるんです。記録は書記官室にあるんですけど。なので高裁の裁判官は、まず最初に控訴状と原判決を読んじゃうんですよ。そこでね、もうものすごい刷り込まれるわけですね。原判決の理由にね。

だから、そこを崩さないといけないんです。この段階では、裁判官は、記録はまだあまり読まないんですよ。最初に読むのは原判決と控訴状で、次に控訴理由書が出てきたらそれを読む。記録を読む前に原判決と控訴理由書を読む感じなんですよね。

控訴理由書ではいかにして原判決で作られてしまった心証を崩すかが大事なので、まだ記録を読む前の人に対して「記録をどういうふうに読めばいいか」っていう注意点を書いたらいいような気がしますね。

例えば、「この原判決は、記録のこんなところも見てませんよ」と。「記録にはこういうふうに書いてあるはずです。しかし、原判決は、そんなこと何も言ってませんね。この原判決の裁判官は、全然記録を読まない人ですね」とか。

あとは、「この原判決って、ほとんど相手方代理人の主張に沿っているだけなんですよね」とか。そういうふうに、まだ裁判官が記録を読んでないという位置づけで、その段階で記録の問題点とかを刷り込んじゃって、最初に原判決を読んで作られた心証を崩すかっていう。

余談ですけど、私は原判決で心証をとりたくないんで、原判決を基本的に読まないことにしてるんです。一応、主張整理のとこは読むんですけど、理由は読まないようにしてます。先に記録を読んだほうがいいので。

ただ、普通の裁判官はそうじゃない。やっぱり一番最初に控訴状と原判決が来ちゃうんで、まずそれを読んじゃって、それに刷り込まれちゃうんです。それをいかに控訴理由書で崩すかが大事ですね。

岬　控訴答弁書も書き方に悩むことが多いのですが、控訴答弁書には、どういうことが書いてあると嬉しいですか？

岡口　控訴審裁判官は起案マシンのように毎日起案を強いられてまして、基本的に控訴棄却、原判決維持で書きたいわけです。

原判決をまず引用して、誤字脱字を直すという作業をまずさーっとやって、最後に**控訴理由を排斥する部分**を書くんですけど、そこできちんと書ける内容を控訴答弁書に書いてくれるとそのまま判決でも使えるんで、とてもありがたいです。

2 証拠説明書だけしか読まない裁判官もいる？

岬　控訴審では、控訴理由書など主張書面は一切読まない（ほとんど読まない）で、証拠説明書だけを読む裁判官もいると聞きましたが、そんな人っているのでしょうか？

岡口　先ほどお話したとおり、私は記録が上がってくるとまず、原判決の主張の整理だけ読むんですね。原判決の理由は読まないんです。

なぜならそれに引きずられちゃうから。じゃあ、次に何を読むのかというと、実は陳述書を読むんですね。そうすると、それぞれの生の言い分がわかるので「あ、こういう事件なんだな」ということがわかる。

それである程度心証をとって、そのうえで原判決の理由を読むと、「あ、この原判決全然ダメじゃん」っていうのはわかるんですよ。で、そうしないと、原判決にどうしても引きずられちゃうんでね。

で、証拠説明書しか読まないという裁判官は、私と発想が似ていると思います。要するに原判決にまず引きずられたくないんですよ。一応、生の証拠を見て、心証をとりたいんだなと。それを一番手っ取り早くできるのは証拠説明書なので、ファーストインプレッションを証拠説明書でとりたい方なんだなと。それはありうる話だと思います。

3　1回結審ってひどくないですか？

原　高裁の期日進行は、1回で弁論終結して判決言渡し期日を決めて、並行して和解協議を進めるみたいなパターンが多いと思うんです。

で、和解協議のところで心証を言われるんですけど、「それを先に言ってくれていれば、もう少し主張立証の仕方もあったのに……」とか思うことがあるんですよね。かといって、「続行期日を指定して」って言っても続行されないことも多く、ちょっとどうかなと思っているところがあるんですけど、これは仕方がないんですかね？

岡口　ここは結構大事な問題で、皆さん、控訴審で何度も経験あると思うんですけど、控訴審は1回終結がもう大原則になってますよね。これって絶対よくない話で。前ね、大阪弁護士会が提言をして、判例時報に連載したりしました（判例時報2342、2345、2347号）。「1回終結は絶対によくない」と。

で、とある裁判長が、一度「1回終結はよくない」っていうことで原則2回の期日をするようにしたんですけど、**途端にその部だけ未済件数がどっと跳ね上がっちゃってね（笑）**。「既済事件、何件です」っていう、裁判官の通信簿みたいなのが毎月回ってくるんですけど、未済事件が2倍になっちゃって。あわててまた1回終結に戻しちゃったんです。

1回終結って本当よくないですよね。もう終結しちゃった後はね、裁判官の思い通りなんですよ。事実審の最終審なのでもうオールマイティーの王様になってて、自分を完全にフリーハンドにした状態で和解を持ちかけるってね、あれ、本当卑劣ですよね。

1回終結だと当事者は何にもできないですよ。そこも言ってくれれば対応するのに、というのは原さんがおっしゃった通りです。そういう事件は「これはまだ審理が足りませんね」って言って続行するのが高裁のあるべき姿なんですよ。

でも、裁判官はそれをしないでもう終結としちゃって、自分をオールマイティーの立場にしといて、で、「先生負けますよ」って言って和解させるってなんかね、本当卑劣ですね。

4 控訴審での和解勧試対応

岬　控訴審では第一審で勝っているか負けているかにかかわらず和解を勧められるイメージがあります。

第一審で全面勝訴している場合でも、和解を熱心に勧められる場合は耳を貸さないとマズいですか？

岡口　高裁の陪席は忙しすぎて、全ての事件を和解で落とそうとします。

特に、判決を書くのが大変そうな事件や、他の構成員を説得するのが面倒な事件だと、なんとか、和解で終わらせたい。逆に、判決が簡単に書けそうだと、和解を勧めなかったりします。

ですので、第1審で全面勝訴している被控訴人代理人としては、主任陪席裁判官が、**どれくらい熱心に和解を勧めてくるか**を観察することになります。

一応和解を勧めているが、さほど熱心でもなさそうなときは、控訴理由を排斥するだけの簡単な判決も書けそうだということですから、無理に和解に応じる必要はなさそうです。

他方、詳細な「心証開示」をして、強く和解を求めてくる場合は、その「心証」が、合議済みのものなのかどうかが1つのカギです。

主任裁判官は、最終合議を経る前に、自分だけの考えで、和解を打診してくることもあるので、それが垣間見られるようなときは、「裁判長はどうおっしゃってますか」と、合議の有無を確認してみるのも手です。で、最終合議を経て、それを踏まえて心証開示をしているのであれば、それは、「王様」の最終意見なのですから、それは耳を貸すしかないと思います。

5 上告を見据えた控訴理由書

原 上告理由や上告受理申立て理由には一定の制限があるところですが、「どうもこれは上告理由や上告受理申立て理由が必要になるが、1審で憲法論をやっていなかった」という時に、控訴審の控訴理由書で大々的に従前の判例違反や憲法違反を主張するのは、裁判官からどのように見えるのですか？

岡口 上告受理申立て理由の方の判例違反などは、控訴理由とも共通するところなので、それは書いてもらって全然問題ないと思います。

他方、憲法違反は、通常は控訴理由とかぶるって話にならないので、だから特に意味のない憲法違反の主張を書かれちゃうとあんまりいい気持ちはしないですかね（笑）

高裁裁判官にとって一番嫌なのはやっぱり最高裁で破棄されちゃうことなんです。最高裁で破棄されると、裁判所中に「破棄されましたよ」という回覧文書が回ります。で、その後判例時報でも、「破棄判決」とかいって紹介されちゃったりして、すごく不名誉なんですよね。

だからとにかく破棄が一番嫌なので、上告も見据えているのであれば、控訴理由書で「こういう問題がありますよ」と指摘していただくのは大変にありがたくは思っています（控訴審での戦い方については170頁も参照）。

9 岡口さん、もうちょっと教えて！

1 要件事実教育「消滅」の影響

原　私（40期）が司法研修所で学んでいた時は、いわゆる在来様式の判決書しか学んでいませんでしたし、要件事実教育が修習の中核だったんですよね。

今の司法修習では、そうではないようなんですけれど、裁判実務に影響は出ているのでしょうか？

岡口　それはもう大ありですよ。

今、研修所って要件事実教育をしているという建前ですけど、実際はほとんどしてないですよね。私とか原さんの時代は、2年間、もう嫌になるぐらい要件事実の起案をさせられていて、これが自分たちの血となり肉となっているんです。

だから、修習時代に要件事実をやったほうが絶対いいと思っていて、早く要件事実教育が復活しないかなと思っています。今は、あまりに要件事実教育をしなくなったことが批判されて、一応72期ぐらいからまたちょっと要件事実教育をするようになったんですけど、まあ、それでも資料だけ渡されて「自分で勉強しろ」みたいな感じですね。

あと、今、事実認定はストーリーでやるという教え方をしていて、その影響か、若い代理人が訴状とか準備書面をストーリーで書いてくるんですよね。

ストーリーは立証の話ですから、主張書面は要件事実で書いてもらって、ストーリーは陳述書に書いてもらいたいんですけど、訴状がもうストーリーになっていることがあって、「これは、本人訴訟と一緒なんですけどね……」と思うことがあります。そんな変化がすごく出てる気がしますね。

2　黒歴史ならぬ黒判決はある？

岬　最近、地裁判決までを含めて全ての判決をデータベース化するみたいな話もあるんですけど、裁判官にも、昔書いた思い出したくない判決とかってあるものなのでしょうか？

岡口　基本的に、裁判官のキャリアシステムっていうのは要するにＯＪＴでね、もともと未経験な人が裁判をやるというのが大前提になってるんですよ。

だから**ダメな判決を最初は出し続けるっていうのはもう前提**になってて、だんだんそれで成長していって、きちんとした判決を書けるようになると。

このキャリアシステムがよくないって言うなら変えればいいんですけど、今でも続いてるんで。だから、ダメな判決もいっぱいあるんです。でも、それは制度上前提になってるってことでお考えいただきたいと思いますね。

岬　最近、弁護士になりたての頃に書いた書面を見つけて読み返したら、「昔こんなの出してたんだ」と思って恥ずかしくなっていたのですが、裁判官も一緒なのですね。安心しました。

3 やっぱり民事と刑事は違う？

原　民事裁判と刑事裁判では心証形成の仕方が違うんだろうと思うんです。岡口さんは、福岡地裁行橋支部で1人支部を経験されているので、実際に民事と刑事の両方をやられた実感を教えていただけないかなと思います。

岡口　例えば、民事と刑事で結論が逆になるようなことってよくありますよね。あれは原理が違うんですよね。

私みたいな、特に相対的真実で割り切っている人は、民事っていうのはその程度のもので、当事者間にしか既判力は及ばないし、その程度。でも、刑事じゃ実体的真実ですし、あと無罪推定もあるんでね。やっぱり**原理が違うんで、結論が逆になるのもしょうがないん**じゃないかなって思いますね。

4 裁判官による判断の違いはある？

岬　担当裁判官によって事実認定の結果が変わることもあるかと思いますが、不公平にならないような取り組みなどはされているのでしょうか？

岡口　全く同じ主張と証拠に基づいていても、**裁判官によって事実認定が変わるというのは、制度上予定されていること**であって、それがまさに自由心証主義ってものですよね。結果的に「不公平」となることもありますが、それは仕方がないことです。

ただ、あまりにも、事実認定能力がない裁判官だと、裁判官としての適性がないということになります。例えば、某地裁の民事裁判官で、ほぼ全件控訴されている方がいて、その方は20年目の再任期に再任されませんでした。そういう裁判官の排除の仕方として、再任しないという方法はあるということです。

岬　ところで、裁判官が国に忖度した判決を書くのはどうしてなのでしょうか？

岡口　(笑)。いや、それはね、やっぱり我が国の**歴史として司法が弱い**んですよ。だからそれはね、しょうがないんですよ。

だって、もともと裁判官・裁判所って遠山の金さんとかがやってたんですよ。大岡越前とかね。幕府とか藩の奉行所がやってたんでしょう。要するに日本の裁判は政治部門でやってたもんですから。その時代からのいきさつもあるんですけど、「欧米のようにやりましょう」って言ったって、そう簡単にそんなマインドが変わるわけないし、いろんな意味で日本の裁判所は弱いです。

行政権や立法権ときっちり相撲ができるような体制にはなっていないっていうのもあって、どうしても今ね、ちょっと腰が引けちゃってる感じがしますね。

5 予備的主張を出すタイミング

岬　予備的主張をするとしても、最初から出すと弱気な感じに見えませんか？

岡口　一般論としては、**言いたいことは最初に全部言ってもらったほうがありがたい**ですね。

特に実体的真実主義の裁判官にとっては、そもそも主位とか予備とかそういうのはあまり関係なくて、とにかく主張やそれに関連する証拠が出てくると、「実体的真実にたどり着くための新たな情報が現れた」という感覚ですし、真実だと思うことを知るための材料は多ければ多いほどいいので、早めに出してもらうことは大歓迎でしょうね。

一方で、相対的真実主義の裁判官は、まずは主位的主張だけしておいてもらって、形勢が悪くなってきてから予備的主張を出してもらうという形にしたほうが、まずは主位的主張を頭に入れてもらえますし、当事者の主張の流れとしても自然に裁判官の頭の中に入っていきますね。

6 よって書きの書き方で迷ったら

岬　よって書きに特化した書籍はあまり見かけたことがないのですが、よって書きの書き方を確認したいとき、皆さんはどのような書籍を参照されていますか？

悩んだら『新問題研究　要件事実』（法曹会）などを見返していますが、あまり複雑なものは記載されていないんですよね……。

中村　そうした書面がないのはその必要が乏しいためかもしれませんね。請求原因の本体部分できちんと指摘されていれば（読み取ることができれば）、よって書きに記載があるかどうかは形式的な問題のように感じますし、一方で、本体部分でダメなら、よって書き以前の問題かもしれない。

そういう意味で、請求内容をきちんと要件事実的に理解できているかが重要と思われます。そこで、私は、**『要件事実マニュアル』（ぎょうせい）という裁判官の書かれた良書をいつも確認するようにしています（笑）**

7 判決書を作成するのにかかる時間

岬　弁論終結後、2ヶ月以内に判決をするということになっていますが、実際のところ、判決書を作成するのにかかる時間はどのくらいですか？

岡口　2か月は訓示規定ですので気にしていませんが、判決作成時間はそれこそピンキリです。数時間で書けるものも少なくありません。

8 裁判官は控訴されるとどう思う？

岬　判決に一方（又は双方）が納得できないと控訴がされるわけですが、裁判官は自分の出した判決について控訴された場合、どのように感じますか？　一方のみの控訴と双方の控訴の場合では違いがありますか？

岡口　やはりいい気持ちはしませんし、控訴のための事務作業が必要となりますから、それをする裁判所職員にも申し訳なく思います。とりわけ双方控訴だとショックは大きいのですが、紛争性がとても高かった事件は仕方ないと思っています。

9 書面が長くなりすぎる場合の工夫

原　事案によっては、無駄な記載をそぎ落としても相当な分量の主張書面を出さざるを得ないこともあります。このような場合、裁判官としては当事者代理人にどのような工夫を求めたいですか？

岡口　**目次**や、あるいは、全体を1枚に**要約**したようなものがあると、まず全体像が頭に入るので読みやすくなりそうです。

第 2 部

岡口さん！
当職もっとぶっちゃけ話を
聴きたいのです。

第2部は2024年8月に学陽書房本社会議室＋
Zoomにて実施したものである。

参加者

岡口基一
中村　真（56期）
原　章夫（40期）
半田　望（61期）
佐藤裕介（63期）
横田雄介（66期）
岬　孝暢（67期）

1

さらに深掘りするべく再び集まりました

それじゃあ、もうちょっと深めに掘ってみましょか。

1 長崎での研修（第1部）を終えて、受講者の反響はいかに!?

半田　本日はお忙しい中お集まりいただきありがとうございます。

長崎での研修（第1部）のあと、アンケートなどで「もっと岡口さんや中村先生の話が聴きたい」「研修の反訳が欲しい」「中村先生のイラストをもっと見たい」という声が多数寄せられたこともありまして、今回追加の座談会という形でさらに深掘りしたお話を頂く機会を持たせていただきました。また、長崎の時とは岡口さんのお立場も変わられている（※2024年4月3日に弾劾裁判で罷免の判決がなされた）のですが、その点もうかがうことができればと思います。

まず、岡口さんと中村さんは今回以外のところでも研修会や対談をされていらっしゃいますので、各地の研修での反響や、どういうところに参加者のニーズがあったのかをお伺いできたらと思っています。

岡口　この間も、茨城県弁護士会で同じような講演をやったんですよ。「裁判官は2種類います」ってことで、「対策をしましょう」って話でして。

そこで言われたのは「訴状を提出する際は、まだ、どの裁判官が担当するかわからないので対策できない」と。裁判官が1人しかいないのであれば対策もできるけど、水戸は裁判官が何人もいらっしゃるとかなので。

一番関心があったのは、やっぱり控訴審のところですね。「**控訴審はよくわからない**ので、もうちょっとお話を聴きたかった」という意見が一番多かったですかね。

半田　次に中村さん、各地の研修でお気づきになられたことはありますでしょうか？

中村　何回か研修の企画をさせていただきましたが、それぞれ皆さんの興味を持たれる部分が違ってるのが非常に新鮮だったなと思います。

ただ、控訴審についてはやはり関心が高いです。特に、一発結審してしまって和解の話になった時に、「実はこういうふうに考えてるんです」って言われるケースが圧倒的に多いのですが、その場合にどういった対策をとれるのかというところについて関心が高いと感じています。

半田　控訴審以外の内容についてはどうでしょうか？

中村　最終準備書面を書くかどうかについて訊かれました。どんな形で書くのかっていうのが、人によって考え方が違ってたりするのが面白いと思いました。

半田　どんな最終準備書面がいいのかとか、どういう控訴書面がいいのかっていう話はこれまで説明されることはなかったですね。しかも最終準備書面を書く事件や控訴事件は代理人にとってもプレッシャーがかかる事件なので切実なところなのかなっていう感じはします。

岬さん、長崎での研修では質問側でしたが、どうでしたか？

岬　控訴審の書面をどういうふうに書いたらよいのかという話はとても参考になりましたが、時間が足りなくてあまり掘り下げられなかったので、今日はもうちょっと訊けたらなと思っています。

あとは、陳述書と尋問の関係のところですね。「陳述書でとってもらった心証を確認してもらう場が尋問なのだ」っていう視点が得られたので、とても参考になったのですが、この点についてももう少し聞けたらなと思います。

半田　準備に関わった九州弁護士会連合会研修委員会を代表して、佐藤さん、横田さんのコメントも頂きましょう。

佐藤　裁判官の講義っていうのは一般的にすごく人気があります。

裁判官がどのような視点で、どのように手続を進めているのかとか、本音のところを聞けるのを期待して受講される方が多いのですが、その中でも岡口さんの講義というのは、裁判官のより本音の部分を開示して、包み隠さずおっしゃっていただけたところが、皆さんの期待に見事に応えていただいたのかなと思っています。アンケートでもそういう感想ってのはよく聞かれたところですね。

私としては、和解のときに裁判官が何を考えて説得をされているのか、代理人との信頼関係がすごく大事だってお話もされていたと思うんですけれども、その辺りの裁判官の本音を聞けたのがよかったなと思っています。

横田　通常、裁判官の講義だと専門的な話が中心で、それはそれで面白いんですけれども、岡口さんのお話は裁判官の本音を聞けて大変面白かったです。

半田　岡口さんには当時のお立場としてもかなり本音をおっしゃっていただいたということはアンケートに表れているんですが、今日はもっとぶっちゃけたお話をお聞きできるものと期待しております。

2　岡口さんの現在

半田　岡口さんに対しては今年の4月に弾劾裁判所で罷免判決が出てしまったわけですが、今はどういうことをされているのかとかを教えていただけたらと思います。

岡口　現在は伊藤塾で講師をしています。早速、要件事実の講座を持たせてもらっています。主に司法試験予備試験受験生向けですが、伊藤塾の「予備試験受験生のための要件事実講義」という24時間の講座です。

で、実際に、この講座を担当してみて、これは、天が私に与えてくれた仕事ではないかと思ったりしています。

というのは、司法試験予備試験受験生というのは、今、この国で、唯一、要件事実を熱心に勉強している人達だからです。

他方で、本来、要件事実をしっかり学ぶべき司法修習生、ロースクール生は、そこまで熱心には要件事実を勉強していません。

司法修習生については、長崎の研修の際にも話が出たと思いますが、今の司法修習では、要件事実教育が実際にはほとんど行われておらず、その教材だけが渡される世界です。

また、ロースクール生は、司法試験に要件事実が出題されていた頃は、それこそ死に物狂いで要件事実を勉強していましたが、近時は、これが出題されなくなりました。そのため、一応、要件事実の授業は受けるものの、司法試験に出ないものを一生懸命勉強する必要はありません。

他方で、司法試験予備試験には、今でも、要件事実がガッツリ出題されます。論文試験もしかり口述試験もしかりです。ですから、司法試験予備試験受験生は、それこそ、人生をかけて、要件事実を勉強しようとしてくれるのです。

そういう人達に対し、現在、私は、要件事実を教えているというわけですので、まさに「ハマるところにハマった」という感じがしています。

2 要件事実と「事件の見通し」

1 要件事実の理解が足りないと困ること

半田　原さんは要件事実についてがっつり教育を受けた世代ですし、中村さんや私（旧61期）は前期修習もあって研修所で要件事実を学んだ世代だと思うんですが、要件事実的な意味で「はて？」ってなる主張や書面を見ることはありますか？

原　率直に言って、「**要件事実きちんと押さえてんのかな？**」っていう感想を持つことはあります。

事件の筋は書いてあるから、勝手に「相手方が主張する要件事実はこうなんだろうな」って推測して対応してるんですけど、認否しづらい。はっきり書いてくれていないから「おそらくこうなるであろう」と言った上で認否する、っていうことはありますね。

裁判官によっては「きちんと要件事実を整理してください」って言う方もいらっしゃれば、そのまんま流してやって、期日を数回重ねた後にようやく要件事実がわかってくることもあって、「なんか無駄だったな、その数回なんだったろうな」みたいなこともありますね。

裁判官には、要件事実のところが最初の段階でまとまってないんだったら、そこは早めに整理してほしいなと思います。「ここ不十分じゃないか」「ここを検討してください」ということを早い段階で言ってもらうと、もっとスムーズに、それこそ迅速な裁判になるんじゃないのかなって感想は持つことあります。

ただ、昔どうだったかっていうと、私が弁護士になった頃は要件事実を知らない方が上の世代にいっぱいいらっしゃって、その意味で同じだったんですね。

結局わかって書いている人とわかってない人がいるっていうのは、上の人がわかってないのか、下の人がわかってないのかって違いだけで、時期によって同じようにあるんだろうなと思います。

半田　確かに私も大ベテランの先生によるフリースタイル演技みたいな訴状や書面を何度も見たことがありますので、若手がとかベテランがとかではなく、人によるのでしょうね。

中村さん、要件事実に関して各地の研修やこれまでの取り組みとかで何かお気づきのことはありますでしょうか？

中村　原さんと全く同じ感想ですね。

正直私も恥ずかしいんですけど、要件事実とかブロックダイヤグラムを意識するようになったのって、大学で教えるようになってからなんです。それまでは、イソ弁時代も訴訟っていったら9割が交通事故だったんで、要件事実を意識しなくても一応判決までたどりつけた。

ただ、そうじゃなくて、普通の民事事件でそれなりに主張が入り組んでるものが出てきたときには「やっぱりちゃんと意識しないといけない」ということを、私は10年、20年ぐらい経って初めてちゃんと理解するようになったので。

なので、最近の人だけでなくて上の先生とかでも、「要件事実の知識は全然必要ない」と思って理解されてない方が結構いらっしゃるなというふうに思いますね。間接事実について、なんか「そちらに立証責任がある。主張責任がある」みたいな、よくわからないことを言ってきて。そこで、こちらの方で整理したりとか……。

岬　難解で複雑な紛争を扱うときは、**要件事実の理解がないと事件の見通しを立てたり、事実を整理したりすることができません**よね。一応、自分なりに意識してやってはいるのですけど、整理するのが難しいなと思う事案もあって、実務に入る前にもう少し基礎が作れていたらよかったなと思うことがあります。

67期は類型別（※司法研修所編『紛争類型別の要件事実　民事訴訟における攻撃防御の構造』（法曹会））も配られなかった世代なので、修習でもほとんど事実認定しかやっていないんですよね。

2 要件事実と主張の認否

半田　原さんから認否の話が出てきたので、岡口さんに**認否がしにくい書面**とはどういうものかについてお伺いしていいでしょうか？

岡口　多分、今の話の続きなんですよね。**要はストーリー型なんですよ**。皆さん同じ意見だと思いますけど、ストーリー型で書いてきちゃうんで、もう本人訴訟みたいなもんですけどね。本人訴訟の訴状に認否するようなもので、どれが主要事実か間接事実かも全然区別してないし。「どこまで認否していいんだろう……」とか。

全部認否してくる方もいますね。すごいなとか思ってるんですけど。自白の拘束力もないし。ただ、間接事実の争点が全部わかるのでそれはそれでいいんですけど、その労力をかけるだけのメリットはほとんどないんで。

半田　要件事実的にいうと、主要事実の認否さえしとけばいいわけで、あとはもう言葉は悪いですけど、お互い言いっぱなしでも、それはそれで争点整理、主張整理としては問題ないわけですよね。

ただ、それがもう主要事実と間接事実がごっちゃになってるもんだから、認否がしにくい。「第何段落の何行目までは認める、そこからは認否の限りでない」とか書かなきゃいけないような書面が増えてるのは間違いなくあるんでしょうね。

長崎の研修でもありましたが（本書27頁）、**認否ってどこまですればいいんでしょうか？** ときどき、やたら細かく認否をするよう求める裁判官に出くわすことがあるのですが、代理人が必要ないと考える部分についても、裁判官に認否を求められたら応じるべきなんでしょうか？

岡口　応じなくても、それで何か不利益を被るということはないですよね。長崎の時にお話したとおり、**主要事実をうかつに認めてしまわないように注意**すればよくて、あとはまあどうでもいいです。

3 陳述書ができた時の話

岡口　ちょっと話は飛びますけど、陳述書ができた時ね、議論があったんですよ。今、完全に定着してますけど、反対派の裁判官がいっぱいいて。

その人たちは、「準備書面で全部細かく書いて、準備書面で全部認否してください」とか言って。それで「弁論の全趣旨で判断できますから、陳述書はいらないんだ」って言ったり。陳述書の黎明期って、そういう人たちが結構いたんですよ。直接主義、口頭主義の見地からよくないと。

そこから来てる話ではあるんですけど、「事細かに準備書面の認否を要求して、実質的に争っていないところは弁論の全趣旨で判断する」という裁判官がいれば、それはそういう人たちの生き残りかもしれません。

半田　陳述書が普及したのってどれくらいからですかね。「陳述書が直接主義に反する」って話を40期代くらいの弁護士に聞いたことがありますが。

岡口　それは平成8年の民訴法改正の時です。

それ以前の民事訴訟って本当にひどかったんですよ。もう争点整理って考え方もなかったですから、五月雨審理もいいとこでね。みんな言いたい放題で、立証し放題で、誰も整理しないっていう、そういう時代だったんですけど、「そうじゃないようにしましょう」ってことで、集中証拠調べのための一つのツールとして陳述書を使おうって話が出てきて、そこで大論争が起きたんですね。

半田　長崎での研修では、陳述書が導入された当時は「陳述書を認めない」という裁判官もいたという話（本書58頁）でしたが、陳述書の使い方を考える上ではその頃の論争もわかっておくといいかもしれないですね。

4 答弁書にも表れる要件事実の理解

半田　次に答弁書の話題にいきます。

答弁書や実質的な認否を行う準備書面も含めて、岡口さんの経験で「これはひどいな」というものがあったら教えていただけますか？

岡口　今と同じ話なんですけど、**認否がない答弁書**がありますね。いきなりストーリーが始まってしまうので、ほとんど本人訴訟みたいな感じになって。訴状がストーリーだったりすると、「またストーリーで返してくるのかな」とか。

そうなると、2人本人がいてね、裁判官がその後、争点整理するって感じになりますけどね。そういうのは、何回か見たことあります。

半田　そうすると、やっぱり**訴状で要件事実をしっかり押さえて**、それ以外に主張することについてはわかるように区別して書く。答弁書、第1準備書面では、**要件事実部分をしっかり認否しておく**。これがもう全てのスタートラインってことなんでしょうね。

岡口　昔は2年間の修習の時に、ばっちりやったんですよね。今はそれをやらないからわからないんですよね。

5 事件の筋読みと要件事実

半田 中村さんにお尋ねしますが、要件事実の知識は訴訟の書面作成以外でも使えますよね。内容証明とか弁護士同士のやりとりでも、要件事実を押さえていない書面や通知とかを見ると対応に困ることもあると思いますが、いかがでしょうか？

中村 基本的には調停とかでもそうなんでしょうけど、最終、訴訟に持ち込まれたら勝てるか負けるか、どういうふうな認定をされるかって、我々は絶対意識せざるを得ない仕事じゃないですか。

その上で、その手続コストとか時間とか考えて落としどころで取捨選択するわけなので、そうなると訴訟の手続以外でも、当然要件事実はちゃんと意識しておくべきところなんだろうなと思います。意識してたら、「向こうがこれだけ言ってきているけれども、結局この証拠ないんだろうな。裏付けないんだろうな」っていうところが見えてきて、方針決定も自信を持ってできるかなって考えてます。

半田 **要件事実に立脚した筋読みをすることの重要性**ですね。ここにいる九弁連の弁護士も首を縦にブンブン振ってますので異論のないところと思います（笑）

原さんは、訴訟書面や訴訟以外で要件事実を意識するとか、意識できていなくて困った相手方のご経験はありますか？

原　大体、**要件事実をきちんと押さえていない代理人って、無駄に攻撃的**なんですよね。そこまでいきり立って書かなくていいでしょって。そういう場合に限って、要件事実のところがちゃんとしてない。

また、そういう書面を依頼者本人に見せるとすごく怒るんですよね。「言い返してくれ」って言うんですよ。きちんとした証拠とかきちんとした筋立てじゃないから、むやみに攻撃的なことを書いてるだけで本来はスルーしていいんですけど。そこが依頼者との関係では大変です。

弁護士の立場から言うと、ただ淡々と返せばいいだけなんで特段なんてことは思わないんですけど、そういう攻撃的な書面が出てくると、対依頼者との関係が非常に面倒くさいなっていう印象を持ちます。

場合によっては、すごく無駄な書面が出てきた時に、そのまま本人に見せちゃうと、すぐ電話かかってきてなんだなんだって言わなきゃいけないから、一旦預かって、「こういう反応すればいいんだよ」というところまでコメントを作ってから本人に送るようにしています。届いてからそのまま送っちゃうと無駄に依頼者本人の神経を逆撫でしちゃうんで、余計に気を遣いますね。

半田　皆さんのお話をまとめると、**要件事実は主張の道しるべ**でもあるんですね。要件事実をきちんと押さえていれば書面も長くならない。

書くのは最低限の事実、必要な事実だけですから、必然的に攻撃性も下がるはずだし、必要な事実を淡々と書くだけなら冷静になるはずなんですけど、要件事実を意識しないとフリースタイル演技みたいになって、なんでもかんでも書いて内容も過激になってくることになるんでしょうね。非常にしっくりきます、この話。

3 主張書面と訴訟戦略

1 何をどこまで書くか

半田　次に訴訟戦略、特に書面にいつ、何を、どこまで書くかの話に移りたいと思います。長崎の研修でも取り上げましたが（本書40頁）、何をどこまで書くか、どのタイミングで書くかというのも、弁護士によって違いが出てくると思うんです。まず岡口さんに、どういう情報をどのタイミングでどう出すと効果的かを教えていただきたいと思います。

岡口　裁判官の視点で言わせていただくと、**争点になりそうなところを早めに書いてくれるとありがたい**ですね。例えば、再抗弁が主戦場だとすると、訴状でも、先回りして再抗弁まで主張してもらいたい。もちろん、まだ、抗弁は提出されていないですし、抗弁を先行自白する必要まではないのですが、訴訟提起前はここで争っていたというところを早く知りたかったりしますね。

裁判官はとにかく早く事件終わらせて、赤字を減らしたいので、方針を早く立てたいんですよね。だから裁判官的にはね、そういう情報はかなりウェルカムなんですよね。「どうせ出てくるんなら早く教えてもらいたいな」って皆さん思ってると思いますけどね。

半田 主要な争点になる部分については、ある程度早めに明示しておいたほうがいいだろうと。もちろんそこで先行自白するまでは必要はないけどもっていうところですよね。弁護士の皆さん、当事者の立場ではいかがでしょう?

中村 私も岡口さんとの対談で、**裁判官の心証を先に引き寄せることができるアドバンテージがある**ということを教えていただきましたので、ある程度書くようにはなって、自分のところの裏付け証拠についてはできるだけ出すことにはしていますが、やはり抗弁の先行自白まではしないですね。せいぜい、「これこれこういうふうな提案を行ったけれども、条件が埋まらず訴訟に至った」とかいう経緯については書きますけど、実際訴訟になったら、別の代理人がついていたことも結構あるので、そうなると、無駄に抗弁のところを書いてしまうとよくないのかなと思いますので、一応待つ形にしていますね。

原 私は訴状の段階で、要件事実を書いた中で争点になるところに、「争点」とわざわざカギ括弧つけて、「こういうふうなところを争っていた」って書いて、そこにさらに反論までもう書いちゃいます。早く進めたいんで、無駄にそこに1・2回も回数重ねたくなくて。確かに言われるように、代理人が代わる事件でどこまで書くかっていうのはあるんですけど、そんなに代理人が代わった経験はないです。

交渉時の代理人とのやりとりでは、訴状の段階で「争点は2つだ、3つだ」とか先に書いちゃって、こちらの言い分も書いてしまってますね。

岬　私は、基本的に交渉と訴訟は相手方と裁判所のどっちを説得すれば紛争が解決するかという選択的なものだと考えているので、交渉後に訴訟というパターンがあまりないのですが、交渉した場合は、最後に「訴訟に至った経緯」等として、「相手方と交渉をしましたけど、断られたので訴訟になりました」ということくらいは書きますね。裁判官としても、訴訟前に交渉があったかどうかというのは知りたいと思いますので。

ただ、相手方が交渉のときと同じ主張をしてくるかはわからないので、どういう点が争いになったかという詳しいところまでは書かないですかね。もっとも、交渉を踏まえて争点になりそうなところについては、先に有利な事情を示したいという意識があるので、記載が厚くなりがちです。

佐藤　私も同じような感覚かな。交通事故みたいに、事前交渉をある程度やっていて「争点はお互い明確にわかっています」という場合だったら、訴状段階であらかじめ「争点はこことこういうところがあります」と書くかなと思うんですけど。一方で、交渉をやって、相手から門前払い的な回答が来ていて、どこが争点になりそうかが明確に見えない事例もある。そういう時は書きようがない。あと、相手の言い分が変わる可能性もある。なので、抗弁に関してはちょっと触れたくないかなって。

横田　シンプルな交通事故のような事案だったらほとんどストーリーは関係ないですよね。そういうもの以外の事案であれば、ストーリーがわかるように、要件事実だけでなく、事実関係を書いたりはします。最初から細かいところまで書いたりはしないんですけれども。

半田　人によりけりなところはありますよね。単純な交通事故でも間接事実の記述が厚い方もいらっしゃるし、記述の濃淡で事実上争点を明示するという工夫を意識的なのか無意識的なのかわかりませんが、されてる方もいますし。

私は労働事件を扱うことも多いんですが、労働事件はかなりの割合で交渉が先行するので事情や争点も結構書けるし、書いたほうが裁判官がイメージもしやすいと思っています。逆に家事事件では蓋を開けてみるまで何が出てくるかわからないし、あんまり詳しく書かないので、どの程度書くかは事件にもよりけりだと思います。あと、企業間取引紛争も通常は事前交渉が決裂して訴訟になるので、裁判官から「本件での訴訟前の交渉経緯はどうだったんですか?」って聞かれたこともありますね。訴状を見て折り合いがついてないのはわかってるんで、**裁判官はなぜこの事件が来たのかを知りたい**。人間関係もそうですよね。「**当事者**

のところを厚く書け」っていう話が長崎での研修（本書24頁）で出てきましたが、別の裁判官からも同じような話を聞いたことがありますので、**裁判官に見えないところを厚く書くべきなのかな**と思います。

次に主張の段階になってきますけども、ある意味フリースタイル演技になりがちな準備書面について「こういう書面は読みにくい」「こういう書面は読みやすい」というところを、読む側の岡口さんからいただけたらと思います。

岡口　フリースタイル演技といっても、全くのフリーではなく、**基本的骨組みはある**わけです。それが要件事実であり、それに肉付けをしていく。肉付けがとても長くなりそうなものは、それを独立の項目にして主張する。そういうロジカルな構成になっていれば、裁判官、とりわけ、相対的真実主義の裁判官にとっては、読みやすい書面ですし、そういう構成になっていなければ、読みにくい書面ということです。

間接事実を記載する場合も、「**その間接事実があれば、どうして主要事実が推認されるのか**」というロジックがわかりやすければ、読みやすいですよね。強力な直接証拠がない場合は、間接事実の勝負になってきます。しかも、再間接事実、再々間接事実あたりまで出てくるような事件になると、書面がまさにフリースタイルになりがちなのですが、それでも、大本の主要事実にどのようにつながるのかというのが押さえられていれば、その事実の「位置付け」を理解しながら読めるので、とても読みやすい書面ということになります。

他方で、そういうロジックを押さえることなく、間接事実、再間接事実等を羅列的に記載している書面もありますよね。で、最後に「総合すると」などとして、主要事実に結びつけてしまう。確かに、弱い間接事実の積み重ねで総合判断という場合もあるのですが、そうではなく、一つひとつの間接事実がそれなりに強くて、単体で主要事実を推認できる力があるのであれば、**その間接事実によって主要事実が推認されるロジックを丁寧に記載してほしい**ところです。

2　論理的な書面とは

半田　「こういう事実がある」とか「こういう事実が認められる」って言いっぱなしじゃなくて「こういう事実が認められるから、主要事実のこの点は認定できるんだ」とそこまでしっかりと意識する。細かく説明を書くか書かないかは別として、論理を意識して書いてないと読む側もわかんないですよってことですか？

岡口　やっぱりストンと落ちないですよね。全体的にもわっとなって、「で、こうなる。だからこっちの勝ちですよ」みたいな感じになると、ちょっとね。言いたいことはわかるんだけど、もう少し説明できるんじゃないかなと思ったりもしますけどね。

中村　今の主要事実に繋がるかどうかっていうレベルのではないかもしれないですけど、相手方がAとBを書いて、そこから「C・Dが明らかなんだ」みたいな書き方をしてることがあるんですけど、そのAとBがCと繋がらないケースが結構あったりするんです。「AとB、他のCがないとDに繋がらないよ」と要素が欠けているケースもありますし、AとBがあったとしてもCかもしれないし、D・Eもあるかもしれない。その可能性が排除できないのになんでCと言えるんだろうと。それなのに、そういったことで「明らかである」「明白である」といった主張をずらーっと書いているケースが結構あって。その時は読みにくい読みやすい以前に、あまり読む必要ないのかなと。こちらのほうとしても「論理の飛躍がある」ということを書いたら裁判官はわかってくれると思うんですけど。

逆に、書く時については、やっぱり**「このAとBでCしか言えないんだ」っていうところをできるだけわかりやすく説明する**っていうのが重要なのかなっていう気はしてますね。あとは、形式的なところは改行したり、小見出しにしたりとか。他に私は、反論で書くときは「抗弁」とか「〜〜に対する再抗弁」とか、自分で書いたりはすることもありますし。裁判所の方から、特に新しく来られた裁判官の方から「主張を整理してほしい」って言われた時には、そういうダイジェスト版みたいなものを出すこともありました。

半田　確かに、再抗弁、再々抗弁まで行くと、主張の位置づけを明記しないと「ちょっと何を言ってんのかわかんない」ってことはありますね。

岬　私も、主張をする際は、一応「抗弁1　〇〇について」のように、**主張がどこに関連するものかを明示して書く**ようにしているのですけど、相手方によっては何のためにそういう主張がなされているのかわからないものもありますよね。関連性がわかりづらすぎたのか、裁判官の指示で整理表を作らされて、「どこを敷衍している主張か必ず書け」と言われている訴訟もあります。

半田 次に、「明白である」とか「明らかである」とか「優に認められる」とか。私は勢いでつい使っちゃうんですけど、裁判官の目線から見て、こういう強調の言葉っていうのはどんな感じなんでしょう？

岡口 確かにそうだったら、ストンと落ちるんですよね。ただ、**納得できる時はいいんですけど、納得できない時は完全に逆効果になってて**、全然説得力ない事実なのに、まとめで「優に認められる」とか書かれちゃうと「もうかなりこの人苦しいんだな」と思っちゃうのでね。

とりわけ、ロジカルシンキングをしたい裁判官にはマイナス面があります。でも、裁判官次第なんですよ。今裁判官は要件事実教育を受けてないし。で、皆さんご存じないかもしれませんけど、裁判所に入ってからの研修って全然ないんですよね。「自分でやれ」の世界で、裁判官は優秀だから自分でやらせとけばできるっていう、そういう制度設計になっているので、裁判官によっては通じる人がいるかもしれない。

我々の時代と違って要件事実教育を受けてない裁判官たちだから、どういう発想をしているかわからない世界に今なってますよね。だから意外と通用するかもしれない。ちょっとそこはなんとも言えないですね。

半田　先ほど中村さんからあった論理の飛躍の話にも関わるんですけど、**論理の飛躍がある書面って、なぜか強調語が強い気がするん**ですよね。皆さん頷いていただいてますけども（笑）

岬　**四字熟語**はどうでしょう。「牽強付会」とか「我田引水」、「漱石枕流」等の四字熟語がすごくお好きな先生がたまにいらっしゃるのですが。

岡口　そういうのが好きな人はいますね。好きな人にはハマりますね。「また、この先生。この四字熟語先生」みたいな。裁判官にもそういうのが好きな人がいるかもしれません（笑）

半田　裁判官を見て表現を工夫するというのは面白いですね。

ちなみに私は日弁連で接見交通権確立実行委員会という、接見国賠の検討ばっかりやっている委員会の委員長をやっているんですが、ロジカルシンキングの準備書面の代表格は国賠訴訟の国側書面なんですよ。訟務検事、要するに裁判官が主張書面を書いてきますので、接見国賠訴訟での国側の書面を見ると、構成はすごい参考になります。内容はかなりこじつけに感じる時もありますが（笑）。岡口さんは訟務検事が書いた書面っていうのは「やっぱ違うな」とかってありますか？

岡口　訟務検事はそう思うときもありますね。地方公共団体の指定代理人は、まあ人によるという感じで。でも最近ね、訟務検事の書面の質も若干落ちてますよ。昔はね、もうあまりにできすぎてるので、逆に弊害になってて。要するに、裁判官もそのまま判決に書いちゃうんですよね。「もう国を勝たせてればいい」「間違いがない」っていうね。他方で、オンブズマンとか一般市民とか、本人が書いて来たりしたら、全然それに乗っかれない。国は完璧に書いてくるから、もうこれに乗ったほうがいい。そうなると、「国を勝たせとけば、安全だよね」みたいなそういう時代があった。なので今、若干、国のレベルが下がってきたのは、いいことかもしれません。

3 別紙の活用法

半田　訴状や主張書面に別紙を添付することについて、例えば残業代事件では「きょうとソフト」の入力データはつけないと怒られるレベルになってますし、医療訴訟でも経過を別紙にして添付することも多いと思われます。また、交通事故事件で東京地裁民事27部が提唱している書式も主張の漏れをなくす意味でもすごく便利だなと思うことがあります。

そこで、「こういう類型だと別紙が向く」とか「こういう類型で別紙はやめてくれ」みたいなことで、岡口さんの経験を伺えますでしょうか？

岡口　多分交通部の書式はね、裁判所側の便宜なんですよ。今、いろんな先生が出てきちゃって、ぐちゃぐちゃな訴状が出てくるんで。交通訴訟なんてもう書くことが決まってるのに、そういうのもわかってないのが出てくるから、「もうこれで書け」って感じで、書式を渡して。だから、裁判所側の便宜だって感じはします。本来、別紙で書く書証類型じゃなかったんです。元々はやっぱり、原さんがやってるような、医療訴訟とか建築訴訟なんかだと、あまりにも量が多いので、普通の書面にしちゃうと、とても読めない。なので一覧性を持たせたかったっていうのが、別紙の始まりだと思うんですけど。

別紙って、どうしてもExcelで作るような感じになるんですよね。だから本当はね、主張書面であいうのは使うべきじゃないんですよね。あれは一覧性を持たせるために、仕方なくやってるだけであって。Excelにしちゃうと、主張が全部ぶつ切れになってしまう。結局、「全体的な繋がりはどうなってるの?」って。

本来の法律家は、**1つの書面を最後まで読ませて、それで説得させる特殊な能力の持ち主**なので、表現力とか書面作成力が専門性なんですよね。それが別紙でExcelみたいな主張ぶつ切れになっちゃうと、それだったらもうＡＩでいいんじゃないのって感じがしますけどね。文系って単に情報だけじゃなく、読ませる力みたいなのが専門性だと思ったりもしてるので。ちょっと私が古い発想なのかもしれませんが。

原　私が修習生の頃、40年近く前の話ですけど、全く同じことが言われてて。例えば交通事故なんか、類型化された訴状が出るんですよね。で、それを見てて、私の修習担当だった裁判官は「表現するときにもうちょっときちんと書いてもらわないと、この項目で勝つ、だけみたいな話じゃわかんないよね。もっと伝わるような書面を書いてくれ」って言ってて。私もその通りだなと思ってて。別紙は比較のためにはいいんですね。例えば損害について、原告の主張と被告の主張、それぞれに対処するために損害の一覧表とかがつくのは別にいいんですけど、どうしても「本文の中に書き込めないとよくわかんないな」っていう感想を持ってて。対比のためにはいいですけど、それで済ませてしまってたら、結局裁判所を説得できないんじゃないかっていう。

やはり**本文に書くべきことをきちんと書く**ことが重要で、本文で書き込んだ上で、一覧表みたいな別紙については、本当に簡潔に、対比のためだけで作る。使い分けをしとかないといけない。別紙とか一覧表にあまりにも頼っちゃうとどうかなっていう印象を持ってます。

中村 交通事故では何年か前から大阪地裁の15民事部の書式が配布され、神戸地裁の方でも令和6年9月から新しい交通訴訟の訴状の書式として導入されました。これはWordなどで簡潔に記載した頭紙に、損害や主張をまとめたExcel形式の書式を合わせて作成・提出するというものです。原さんが言われたように、Excelでは主張したいことがちゃんと伝わらないんじゃないかなと、当初は警戒感があったのですが、裁判所もある程度事件ごとに柔軟に対応してくれるようですし、これからは積極的に使っていかないとと思っています。

半田 他の皆さん、いかがですかね。**別紙の功罪**という感じになってきましたけど。

岬 建築訴訟なんかだと、瑕疵に関する主張がたくさん出てきますから、ずらーっと文章で書くとどうしてもわかりづらくなってしまう。なので、こういう類型の場合は、別紙方式のほうが、**数ある主張を一覧で捉えられる**という点でいいのかなと思います。あとは、**長期間にわたる事実関係が問題となる事件**などですかね。

ただ、そもそも主張の整理ができない人は、表にすることもできないですよね。だから、別紙形式にしてもあんまり変わらないというパターンもあるのかなって気はしますけど、それでも、表にするためにまとめてもらう過程で、「全体としてはこういうことが言いたいんだな」ということは少なくともわかるようになるので、そういう点で、別紙方式は、時間的な広がりであるとか、範囲的な広がりがあるものについては活用できる余地があるんじゃないかなと思ってます。

半田　別紙は本文がちゃんと書ける前提でってことですね。私は時系列を書くときは別紙が使いやすいかなと思ってます。労働事件とか家事事件も結構別紙を使う時があるんですよね。ライフヒストリーのように、結婚してから離婚までの出来事とか、入社してから事件になるまでの出来事を全部別紙にすると書きやすい。本文に書くと長くなって、今何の話をしているのかわからないとか、何度も行ったり来たりすることがあるんです。さらに当事者の感情が入ってくるとだんだんポエムみたいになってくることもあるので。

別紙は情報をそぎ落とすっていう意味ではすごく活用できるけど、そぎ落とす前の情報をどれだけ把握して、それをどう表現して、どう読ませるのかっていう文章力があることが前提ということでこの点はまとめさせていただければと思います。

4 脚注は使える？

半田 次に脚注の使い方です。長崎の時には「脚注では主張したいことを書くべきじゃない」という話もありましたが（本書34頁）、脚注を有効に使える場面はありますでしょうか？

岡口 私は『要件事実マニュアル』に脚注は使ってないんですよね。本文ですらっと読んでもらいたいものは本文に入れ込んでたほうがいいので。脚注って、一旦そこでね、**思考が途切れる**ので。読ませる文章が続いてるのに、1回そこでぶつ切れになっちゃうっていうので、基本的に使わないほうがいいなとは思ってるんです。

ただ、専門用語とか、裁判官によって、知ってる人と知らない人がいる場合ですよね。「サラカン」とか「タケカン」とかは知ってる裁判官も知らない裁判官もいるから、一応脚注をつけといて、「こういう意味なんですよ」って書いておけばわかる。裁判官によって知らないリスクがある言葉なんかは、脚注をつけておけばいいかなと思ったりもします。

半田 例えば医療訴訟での医学用語とか、当該業界で一般的に使われている略語の説明ではどうでしょうか？ 私の経験では交通事故で見積書に「assy」っていう表記があって。これは「assembly」の略で、要するに組み付け済の関連部品一式って意味で修理見積でよく使われる略語なんですけど、裁判官から「assyってなんですか？」って聞かれた時に「あ、そこから説明が必要だったか」と思って。それ以降、略語は丁寧に説明するようにしていますが、証拠や書面の中に出てくる専門用語や略語は脚注で説明してもいいんでしょうか？

岡口　どれぐらいの率で裁判官がその言葉を知ってるかどうかとかにもよると思うんですけど、**ほとんどみんな知ってるんだったらつけなくていい**。逆に、ほとんど知らないんだったら、本文で説明してもいいかもしれませんね。

半田　別の例で、医療訴訟などでよく見るのですが、本文中の言葉の後ろに括弧して「なんとかのこと」って書く書面もありますが、それと脚注どっちのほうがいいんでしょうか。

岡口　**誰も知らないことだったら本文に入れ込んだほうがいい**と思います。脚注ってどうしても、ページ的に後ろに回っちゃったりしますので、流れが切れますよね。

半田　括弧とかに入れると括弧の中がすごく長くなったりして冗長ではないかと思いますが、裁判官的にはそこは大丈夫なのでしょうか？

岡口　長すぎるときは、脚注に入れ込むしかないかもですね。

原　医療訴訟の話が出たので。今の患者側代理人の基本的な認識とすると、その本件に関わる医学的知見というのは、1つ項を起こして書くというのがスタンダードなやり方だと思います。つまり、本文の中に医学的な用語だとか経験則みたいなものを書き込むっていうのが原則。ただ、その中でも、本件にあまり関わらないような専門用語が出てきた時は、脚注に落とすということは私だけでなく他の人もしてるんだろうなと。ただ、脚注に落とす時に、欄外の脚注に落としちゃうと、読んでて繋がらないんですよね。だから本文の中に脚注を入れる。例えば、アスタリスクみたいなのをくっつけて、一段落終わったところに入れるとか。読む流れを止めないような書き方は気にしています。前に「脚注に落としたら、それを認否していいのかどうかわからないじゃないか」って言われたことがあって。できるだけ脚注は使わないで本文に書き込むってやり方がスタンダードのやり方になってるなと思ってます。

昔は、「医療訴訟についてはその用語集を末尾につけろ」みたいなことを言われた時があるんですよ。でもあれって、読んでいて流れがないから、多分今、用語集を使ってる人はほとんどいないと思うんです。それも医療訴訟を積み重ねるうちに代理人のレベルが上がってきて、今そういうふうになっているんじゃないですかね。

中村 私は脚注はあまり使いません。そんな事件があんまりないからというのもあるんですけど、日弁連のeラーニング（※日弁連ライブ実務研修「裁判官に聞く 主張書面のアップグレード」）で、裁判官の方が「**脚注に書いてあるのは、主張としてとらない裁判官もいる**」「大切なことは脚注に落とさないほうがいいよ」というようなことを言ってたので、それ以降は使ったことはあまりないです。ただ、判例を引用する時に雑誌名とかは、脚注があってもいいのかなと思ったことありますけども。脚注は文章を書くところではないのかなと思っています。

半田 脚注は**引用文献の摘示に使う程度**、ということですね。

4 ついに最終準備書面の真価が明らかに

原告の請求については当法廷にて取り調べられた関係各証拠により証明十分であります。
よって、相当法条を適用の上被告に金三千万円の支払を命じるのを相当と思料いたします。

1 最終準備書面の位置づけ

半田　最終準備書面も関心が高いテーマです。岡口さんにお尋ねしますが、最近は「最終準備書面は出さなくてもいい」と言われることも珍しくありません。主張の「総まとめ」としての最終準備書面を積極的に提出したほうがいいケースがあれば教えていただけますでしょうか？　裁判官がどういう場合に提出を求めるのかと、裁判官はいらないと思ってるけど、代理人から「書かせろ」っていう場面がありうるのかどうかってことです。

岡口　これもまた裁判官によりけりと思うんですよね。多くの裁判官は、記録が分厚くなるのは嫌なんですよ。だから、「出してほしくない」っていうのが本音だと思います。しかもね、最終準備書面ってみんな分厚いじゃないですか。**読みたくないんですよ。**読んでも結局、今までと同じことしか書いてないんだから意味がない。しかし、読まざるを得ないんですね。その中になんか新しい内容があるかもしれないから、一応全部読まなきゃいけないんですよ。本当、嫌ですね。ただ、裁判官の中には、自分でまとめるのが下手な人がいて、「まとめてくれるとありがたいな」と思ってる人がいるかもしれない。そういう裁判官は、「出してほしい」と思っているかもしれないので。裁判官次第かなって感じもします。

半田　最近は求められることが減ったっていうのも、今のご指摘のところなんでしょうね。要するに、書面記録は少ないほうがいいし、もうこれまでの記録の総まとめみたいなものを出されても、読む価値もないという。なので「最終準備書面はもういらない」という流れになってきてるのかなと。今は尋問が終わったらその場で結審ということも珍しくないですが、長崎もそんな感じですか？

岬　長崎（本庁）もそんな感じですけど、「尋問後に言いたいことがあったら口頭でどうぞ」という刑事事件の最終弁論のような運用をされている方もいるようです。まずは口頭で、出したければ後日書面で出してもいいですよというスタンスのようですけど。横田さん、長崎地裁佐世保支部ではどうですか。

横田　あまり書面を出すということはなくなりましたね。1回くらいの和解期日は設けられますけど。

半田　尋問が終わった後、和解はもちろんあるわけですけど、和解が終わった後にもう1回書面出しますってのはほとんどなくなった感じですよね。

原　自分から最終準備書面を出すことはまずほとんどない。まれに尋問の時で、これまで思ってもないようなことが出た時に、「これは新しいこういう事実があったから、そこだけ出してください」みたいなことを言われたことはあります。もし相手の代理人が「出す」って言うんだったら、バランスを考えてこちらも出すことにしますが、その時は主張の繰り返しをしたって仕方がない。だから結局、尋問調書の読み方で、「この供述からこういうふうに、こういう事実が認定されるんだよ」っていう、そこのフレーズを書く。そのフレーズが判決に反映されると、「最終準備書面を書いてよかったな」と思うことはありますね。最終準備書面だと、裁判官が書きやすいように、理由付けの過程を書くぐらいかな。

自分から求めることはしなくていいんだろうなと思いますけど、30年ぐらい前のやり方では、必ず提出できるようになってましたね。で、おっしゃる通りすごく長くて、なのに書いてることは同じことで、相手も読むのが嫌でしょうし、こっちも書くのが面倒くさいと思ってます。

半田　確かに、私も相手方の最終準備書面は読まないですね。反論をする書面ではないので、受け取ったらパラパラっと読みますけど、精読はしないことも多いです。ちなみに私のとき

（旧61期）の民事弁護の２回試験は最終準備書面の起案だったんですよ。尋問調書まで白表紙に入っていて、それで「これまでの主張を整理しろ」みたいな形で起案するんですけど、新司法試験になってから変わってきてますよね。

佐藤　そうですね。私は63期ですが、研修所で最終準備書面を書く機会はほぼなくなりましたもんね。２回試験は確かに最終準備書面だったなと思うんですけど、１回書いたかなとか、そんなレベルなんで。

半田　中村さんの期だとまだ最終準備書面の起案を研修所でやってたぐらいですかね。

中村　そうですね。

半田　だからちょうど15年ぐらい前を境に最終準備書面の位置付けも変わってきたのかなと思います。

佐藤　私が弁護士に成り立ての頃は、最終準備書面は普通に皆さん出していたし、裁判所からもむしろ「出しますか？」みたいな感じで振られていたじゃないですか。それがなんかいつの間にか全くなくなってて。何か運用の変化があったんですかね。

岡口　最終準備書面は平成８年民訴法改正前のプラクティスなんですよね。改正後は、争点整理をして、ちゃんと争点整理案を作って、そこで主張の整理をしちゃって、それで証拠調べをしたらすぐに終結っていうのが基本プラクティスなんですよ。つまり、改正後は、むしろ**最終準備書面は出さないのが基本**なのですが、それがちゃんと浸透してきてくれたっていうことで、昔からの伝統である最終準備書面は徐々に減っていったっていう流れじゃないかと思いますけどね。

2 出す意味のある「最終準備書面」

半田　特に大きな事件では尋問の結果を踏まえた主張はやりたいなってところはあるんですよね。尋問が結論に大きく左右するような場合などで最終準備書面を出す価値はあるのでしょうか？

岡口　**最終準備書面の言葉の定義**ですね。今まで議論してたのは、「これまでの主張をまとめる書面」っていう意味で、「最終準備書面」って言っているんですが、主張と証拠評価でまた違うんですよ。主張っていうのはね、あくまでも主張レベルの話で、当事者がするんですよね。そして、証拠評価が別にあって、どう評価するかは基本的には裁判所の専権なんですよね。当事者がどう評価しようと、裁判所はそれに拘束されないんですよね。だから、それはもう好きなように書いてください。参考として欲しいだけなんです。

きちんとした裁判長は「証拠評価ですか？　主張ですか？」って、ちゃんと言うんですよ。証拠評価だったら、本当に参考なんですよ。完全に裁判官がやる仕事ですからね。だから、「別に出してもいい」っていうんですかね。要するに主張書面というよりは、証拠評価のための参考書面ですね。だから、「最終準備書面」の定義の問題かなと思うんですね。

半田　ちょっとその話を詳しく聞いてみたいんですけど、証拠評価の書面は裁判官としても役に立つものでしょうか？　それとも、やっぱり「当事者の意見としてうかがっておく」程度なのか、どうでしょうか？

岡口　**参考になりますよ**。裁判官ってね、証拠評価でものすごい悩んでるんですね。裁判になってる事件のほとんどが、有力な証拠はないんですよ。だから、細かな証拠の評価でものすごく悩むんですよね。そこをね、「こうですよ」って、すごいロジカルに書いてくれてると、「これ採用しよう」ってなってますから。本当にそこは助かる。だから、**参考ではあるんですけど、非常に助かってるし、裁判官の心証を決めるのに、非常に効果的です**。

半田　事件によっては、裁判官がもう参考にする気もないような、「出したら読むよ」くらいの態度の時もありますよね。これは長崎の研修でも話題になっています（本書76頁）が、そういうときはどう考えればいいでしょうか？

岡口　長崎の研修で話題になったのは、最終準備書面の提出を求めたところ、裁判官が、「弁論は終結しますが、出していただいた書面は事実上読みます」と言って弁論を終結してしまった場合でしたね。

この場合も、証拠評価であれば、参考として読むものですから、弁論終結後であろうが、出してもらえば読みますという話です。そして、それは、**裁判官の心証に事実上影響**しますから、それなりに意味があります。他方、主張となると、弁論終結後は、その書面は陳述できませんから、提出しても意味がありません。
　そのため、きちんとした裁判長は、**証拠評価なのか主張なのかを必ず確認する**のです。

半田　主張として出すのであれば、もうそもそも読まない、陳述扱いしないってのは問題だけど、主張として出したものを、「じゃあ読んどきますよ」ってのは、裁判官としてもよく響いてないってことなんですかね。

岡口　はい。なんか本当、無駄な作業ですよね。

半田　最終準備書面にたどり着いた時には、主張はもう全部出てないといけないはずですもんね。尋問は終わってますから。

岬　それでも、最終準備書面で新しい主張を出してくる人がいますよね。だから、裁判官は陳述させてくれないのかなと思っていたんですけど。

岡口　それ時機後れで、切ってほしいですよね。

半田　一回、時機後れって書いたことあります。「尋問後に新たな主張を出しても調べようがないから」って。それで時機後れになったことがあります。

岡口　当然ですよね、それ。

半田　岡口さんの話を聞いて、最終準備書面とは何かっていうのがこれまできちんと伝わってなかったと思いました。起案としての最終準備書面、要するに代理人が書く「自分が考える希望的な判決」みたいな、研修所の起案のような位置付けで出してたやつが実は全然意味がなくて。そうじゃなくて、**尋問結果を踏まえた証拠の読み方、証拠の評価を記載する書面が最終準備書面である**のは非常に重要なところなのかもしれないですね。

原　昔同じようなことを経験したことがあります。相手の代理人が「最終準備書面書きます」っておっしゃったんですよね。で、その時に「証拠に関する意見です」っておっしゃったんですよ。

その頃、まさに最終準備書面っていうのは、当時の研修所では主張も全部書いて整理をして、もちろん証拠もそこに織り込むみたいなやり方をしてた。その代理人は「証拠に関する意見として出します」って言ってびっくりした。元裁判官の方だったんですけど。それ以降私も証拠に関する意見でしか書かないようにしています。

証拠の読み方について「これこれがあるけど、これこれこうだから、こっちが信用できるんだ」っていうフレーズを使って、それが判決に書かれると、すごく達成感がある。そういうところが最終準備書面なんだろうなあと。私も、そのときに相手方の代理人が言っていることを聞いて初めて「最終準備書面は研修所でやってるのとは違うんだ」って知ったんです。

5 当事者の立証の工夫は裁判所にどう見える？

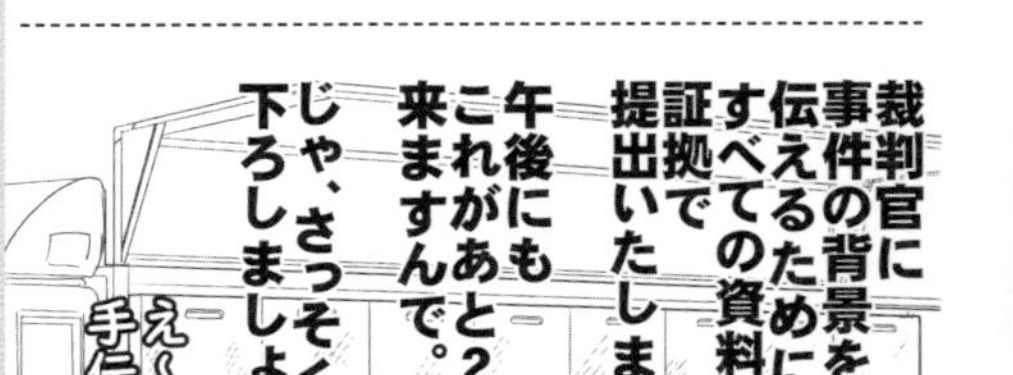
裁判官に事件の背景を伝えるために、すべての資料を証拠で提出いたします。
午後にもこれがあと2台来ますんで。
じゃ、さっそく下ろしましょか。
え～、僕も手伝うの～？

1 大量の証拠提出

半田　続いて立証の話に移ります。

これも代理人にはどうすればいいのかわからないというか、とにかくなんか関係ありそうなものを全部証拠として出して、あとは裁判官におまかせみたいな感覚にしかなっていないところなんで、ここを深めていきたいなと思います。

まず証拠が大量になる場合の取り扱いです。事件によっては大量の書証をどうしても出さざるを得ないものがあります。医療訴訟や交通事故ではカルテが大量になる、とかですね。

長崎の研修（本書38頁）では別紙一覧表を作るなど工夫の話もありましたけども、他に気をつけるべき点をうかがえればと思います。

岡口　とにかく裁判官は忙しすぎるので、証拠をどさっと出されてもなかなか目を通せない。若干、今裁判所は余裕出てきたんですかね。ただ、それでも忙しいことには変わりない。基本的には「**いかに裁判官に読ませるか**」っていう工夫をしないと、証拠は読んでもらえない。裁判官は、**主張書面は全部読む**んですね。なんかもう本当に習慣なんですよね。書面は全部読むんだけど、証拠はそこまで重きを置いていない。

高裁で記録を読んでいると、証拠の中にいろいろと有益な情報が載っていてね。「**原審はこれ読んでないのかな？**」と思ったりもします。でも、読まない人の気持ちもわかるので、「ちゃんと代理人が指摘しといてあげればいいのに」とか思ったり。あと、代理人も原審の裁判官も気づいてないこともあるんですよね。証拠はよくよく見ると、そういうのが面白いんですけど、多分、読む時間ないんですね。

半田　裁判官として大量の証拠は読むのはしんどいと。

岡口　ものすごく読む人もいるんですけど、基本的にはそんなことはしないですね。だから、「**そういう特殊能力は裁判官にはない**」って思ったほうがいいと思います。

半田　そうすると「多忙で、かつ、細かな証拠の違和感にも気づかないであろう」という平均的な裁判官を前提として、証拠を読ませる工夫はありますか？

例えば、交通事故で提出するカルテって多いときには何百枚にもなります。検査記録とかもありますし。相手方の代理人とネゴシエーションができれば重要な部分のみを抜粋して証拠で出すこともあるんですけど、文書送付嘱託で出てきた何百ページのカルテをそのまま、右から左にとにかく番号振ってどん、ということもある。

こういうのは自分も読みたくないし、裁判官も読まないだろうなと思います。だから私はカルテを証拠として出した上で、重要部分を別途報告書として作成し、その資料にカルテの該当箇所を添付したりとか、検査結果だけを全部別紙にしてExcelにまとめて、表にカルテの該当ページも記載するとかの工夫はしています。

原　医療訴訟であれば、当然双方が「ここ読んでほしい」ってところがあります。下手したら何千枚のカルテがあったりしますが、医療訴訟のプラクティスではわかっていて「それぞれの号証の何ページにある」ってことだけ示しておけばそれを読んでもらえる。

ただ、そういうのに慣れてない人もいる。例えば、交通事故でカルテを出している時に、医療訴訟に関わっている人は当然するであろうことをしない弁護士がいて。そうすると、一方的にこっちの言い分だけをカルテから引用して出して。「これでいいのかな？　正義にかなっているのかな？」とときどき思うことがありますね。カルテについても「逆の立場の代理人にきちんと反論してほしかったな」って感じるときはあります。いずれにしても、その準備書面の中で必要な部分は引用しちゃいますね。

半田　原さんは医療訴訟の場合に患者側からでも医療側の主張に沿うような記載を引用したり指摘したりしますか？

原　医療側で「この読み方がこうだ」っていうことは主張で当然出てくるので、そうであれば、それに対して、例えば「医学的な知見からそれは正しくないんだ」「事実として異なることがある」とか、引用で示すことがあります。医療訴訟の分野では、双方が慣れているからあんまり困りません。

半田　証拠の中で必要な部分だけを出すことについては、裁判所にはどう見えるのでしょうか？　もちろん抜粋することに当事者双方の了解がある場合です。

岡口　多くの裁判官にとっては、**分量が少なくなることはウェルカム**だと思います。ただ、実体的真実主義派の方々は、不満かもしれませんね。その全部が見たいというタイプの裁判官ですから。

半田　代理人が抄本化や抜粋した報告書を作ることはどうでしょうか？

岡口　どのように抜粋したかなどを報告書の形で明らかにするものですね。立証の仕方として丁寧だと思います。

ちなみに、刑事裁判でも、裁判員裁判になってから、こういう「2次証拠」が使われているそうですね。私のような古いタイプの裁判官からすると、こういう生ではない加工証拠を刑事裁判で用いることには、結構抵抗があるのですが。

半田　刑事の話が出たので、裁判員裁判ではとにかく証拠を厳選して減らして、もう場合によってはそういう証拠を2次証拠にしているところもある、いわゆる核心司法みたいな形がいわれてますけども、民事の感覚とはちょっと違うものなのでしょうか？

岡口　それは**裁判員の負担を減らすため**にやっているのではないでしょうか。民事でも陪審制を導入したらそうなるかもですね。

半田　例えば、刑事裁判では「一番証拠能力の強いベストエビデンスを出して不要な証拠を減らせ」みたいな流れがあるわけですけど、民事はどうなんでしょう？

岡口　民事は実質的証拠力っていう概念がありますから、実質的証拠力が高いものを出したほうが、それは認定されやすい。一番高いのは、処分証書ですよね。しかも成立に争いがない処分証書。それ出したら終わりですもんね。そういう実質的証拠力のことは、皆さん意識して出してるんじゃないんでしょうか。

半田　民事ではそういう実質的証拠力が高いものがないから争いになっているっていう側面もあるわけで、例えばそういう場合に、下手な鉄砲も数打ちゃ当たるじゃないですけど、関係しそうなものをどかどかどかっと出してくる方もいらっしゃるわけですが、こういうのは裁判所からどう見えてますか？

岡口　それはしょうがないんでしょうけどね。ただ、**強いのがないと書証だけでは無理**でしょうね。そうすると、間接事実が必要になるので、やっぱり尋問になっていくんですけど。

で、最終的に、もう本人尋問しかない場合もあります。うまく本人尋問で間接事実を認めさせて推認させて、そこもきっちりロジックで組んでくれると、裁判官もそういうロジカルな証拠評価の組立てにはちゃんと付き合ってくれると思いますけどね。

半田　証拠が増えることについてはどうでしょうか？

岡口　実質的証拠力が低い書証がたくさん出てきても、それで心証が変わるということはまずないですよね。**弱い証拠はいくら積み重なっても弱いまま**です。だとすると、そういう書証がたくさん出てきても、裁判官はそれを読まなければいいだけのことです。証拠説明書だけ読んで、それで終わりにしてしまいます。ですので、そういう書証の出し方をされても、それはあまり意味のあることではありません。いたずらに記録が分厚くなっていくだけです。

2　LINEの履歴

半田　LINEの履歴が証拠で出てくることも多くなっていますが、皆さん出し方がまちまちですよね。何か工夫はありますか？

佐藤　LINEのやりとりは、前後や数日前のやりとりも出さないと理解できない場面も多いので、これをそのまま出そうとしたら、100ページを超えることも普通にあります。全部出さないといけない時は、いいのかどうかはわからないですけど、こっちで**マーカーを塗っ**

たりとか、準備書面にできるだけ引用するとか、そういう工夫はしています。

半田　準備書面で引用することもありますが、引用自体がすごく長くなることがありますから、証拠そのものを見てもらう工夫をしていくということですね。少なくとも何の整理もせずにボカンと出しても読んでもらえないんじゃないかとも思いますが。

岡口　逆にね、**すごく読む裁判官もいる**んですよ。実体的真実主義の方々ですけどね。それがまたリスキーなんです。

例えば医療訴訟だと、看護記録ってあるじゃないですか。病院の対応は問題なかったのかという事件だと、看護記録にいろんなことが書いてるんですよね。で、めざとく見つける裁判官がいるんです。そして、判決に書かれちゃうんですよね。

ＬＩＮＥもそうなんですよ。ＬＩＮＥを全部読んで、「ここにこんなこと書いてる」って判決に書くんですね。「こう書いてますけど、なんかご意見ありますか？」って終結前に指摘すればいいのに、言わないんです。で、いきなり判決で拾われてしまうリスクがあったりする。

半田　そうするとまずは我々が読み込んでおく必要があると。実際はなかなか大変なんですけども……。

3 動画・録音

半田　最近は動画や録音が証拠として出てくる場面も増えてきていると思いますが、まずは動画について「裁判官はこう見ている」というところを伺えればと思います。

岡口　**それはもう百聞は一見に如かず**、ですよ。本当に裁判官の心証形成にはもうズバリとハマりますよね。だから、どんどん出したほうがいいと思いますし、証人の話を聞くなんかよりも全然いいですよ。

裁判官のパソコンって実は、ＤＶＤプレーヤーがついてないんですよ。大きなモニターとパソコンは別にあって、そこで見てると、他の裁判官がみんな寄ってきてね。みんなで合議したりするので、そこで心証が決まっちゃったりするんですよね。ものすごくリアルに事実がわかりますから、本当に有効な証拠方法だと思いますね。

半田　例えば、ドライブレコーダーのデータをそのままポンと出してもわかりにくいかもしれませんが、工夫できることはあるでしょうか？

岡口　心証の決め手になってるのは、ドライブレコーダーをよくよく見て気がつくようなものなんですよ。裁判官室でみんな見てて「あ、もう一回そこ巻き戻して」「あ、ここ、こうなってるよね」とか言って、裁判官はめざとく見つけるんです。そういう決め手になりそうな所を静止画にして、プリントアウトして、指摘しておくといいですね。

半田　裁判官もめざとく見るけど、当事者が見てほしいところはしっかり特定する必要がある、と。

岡口　**双方言ってなかったところを見つけちゃってね**。「うん、これで勝負ありね」みたいな議論してますよ。裁判官室で。

原　ドライブレコーダーの場合は、何時何分何秒って時間が出てるから、「何時何分何秒に何があった」って、時系列で主張書面の中に書いちゃいますね。それで読んでもらったことがある。

他には、精神病院の自殺案件で、通路を当該患者さんが動いているっていうのがあって、「何分何秒ここでこう動いている」っていうのを書いて、その上で、画像としてその画面を抽出して、それをポンポンポンと貼り付ける。「こう流れてるじゃないか」ってことを準備書面として書いたと思います。何時何分何秒というのを書いて、そこに注釈つけていく作業をやっとかないと、さらっとじゃダメなのかなっていう感じはしてます。

半田　私もスクリーンショットを撮って、ポイントになるところに赤丸をつけて「これ、ここ見て！」というアピールをしたり、時間のところにマーカーを入れて「何分にどこそこに車があったからこうならないとおかしい」という主張の裏付けに出すことはあります。

次に録音ですが、これはどうでしょう。最近、録音したものを持ってきて「これを聞いてもらえばわかりますから」と言われることが多いんですけど、こういう場合、弁護士の皆さんはどう対応してますか？

佐藤　私は「まずは自分で、可能な限りで結構なので、ポイントとなるものを書き出してください」とお願いするようにしています。正確な反訳までいかなくてもいいから、この中で自分はポイントだと思うところを整理してもらう。で、それを見た上で、実際に反訳を出すかどうか、証拠で使うかどうかを考えるという対応をしています。

岬　私は、短いものなら聞きますけど、長いものだったら「反訳でこのぐらいかかりますけど、それでもやりますか？」って聞いて、それで迷われるようでしたらもうあんまり聞かないです。迷われる場合は、依頼者としてもそれほど重要と考えていないということだと思いますので。

半田　そうなりますよね。これは多分「裁判所が反訳を出さないと聞いてくれないだろう」っていう意識もあるし、我々としても「反訳がないとそもそも使えない」っていうのがあるんですけど、岡口さん、反訳は必須ですか？

岡口　だって**尋問の時とか、使えない**ですよね。でも今、反訳って安いんじゃないですか。そうでもないんですか？　ネットとかで、無料でできないんですか？

半田　デジタル反訳の精度がどの程度かとか、そういう議論も出てくるわけなんですがコストはそれなりにかかります。例えば1時間の録音の重要部分を抜粋して出すとした場合、相手方の代理人から編集を疑われて結局全部反訳することもありえます。対応としては、原データはデータのまま証拠として出すけども、重要部分のみ反訳もすることが考えられますが、こういうのは裁判所的にはいいんですかね？

岡口　それはいいですよ。

半田　使うところは反訳するけど、データ自体は全部出しておくってのは工夫かもしれないですね。相手方代理人がそのようなやり方をしたことがあって、「なるほど」と思って。データは1時間以上ありましたが、反訳自体は2分ぐらいでした。

岡口　裁判官はね、**録音を聞かない人が多い**ですね。動画はそんなに長いのはないんですよ。2分とかでしょ。面白いから見るんですよ。一方、録音は聞く暇ないですね。やっぱり反訳してほしいですよね。

半田　録音は聞いてもらえないイメージがあったので、動画も見てもらえないんじゃないかっていう印象はありましたが、動画は見ていただけることが、今回よくわかりました。

岡口　でも、**長い動画はダメかもしれません**。2分とか言われると、「ああ、見ようかな」と。

半田　大体ドライブレコーダーだとワンカットは長くて5分ですが、「ここからですよ」と時間を特定するなどの工夫は必要ということでしょうね。

4　機械反訳・翻訳

半田　次は機械反訳や翻訳の話に入ります。ＡＩを利用した機械反訳を裁判所はどう評価するんでしょうか。反訳だと、もちろん原データと聞き比べられるとは思うんですけども、例えばネットでＡＩ反訳したものと人が反訳したものとで、裁判官の見方が違うとかありますかね？

岡口　日本人の日本語のやつですよね。それは、逐一反訳してると思って読むんじゃないですか。

半田　では英語から日本語の翻訳になるとどうでしょうか？　DeepLで翻訳した外国語文献とかになります。

岡口　それはちょっとね、結構昔から刑事で事件が起きてますもんね。皆さんその記憶があるから、そこはちょっと、雰囲気が違いますよね。刑事で通訳人のレベルの問題があるんで、やっぱりそこは警戒しますよね。

半田　時事ネタですけど、２０２４年前半に放送されているＮＨＫの朝の連続テレビ小説（法曹を題材にしている）でも訳文の正確性が問題となる場面がありました。訳文の正確性は裁判官が気にするものなんですね。

岡口　誰がどういう会社でやってるかとか、そっちで情報を得るしかないですけどね。英語ぐらいだったら、わかる裁判官もいますけど。

半田　少数言語になるともうわからないですよね。今日ご参加の皆さんの中で、訳文とか翻訳とかでご苦労された方はいらっしゃいますか？　あと、外国文献を出す時どうするかとか。

原さん、医療過誤だと外国文献が飛び交うこともあると思うんですけど、どうでしょう。

原　外国の文献は果たして日本の医療事情に合っているのかっていう問題があるから、私はあんまり外国の文献を使わないですね。
　少なくとも外国の文献が日本でレビューされて、日本の一般的なコンセンサスになっているもの以外は使わない。これはもう日本語になってるんで、直接外国の文献を使ったことはないですね。相手方で出す方がいて、それを弾劾するための必要性がある場合はありますけど、自分からは出さないです。

岬　外国語じゃないのですけど、システム関係の訴訟だと、やってほしいことをコンピュータがわかるような言語で書いたソースコードというものを出すことがあります。
　その場合は、どの点が問題なのかわかってもらうために説明をつけるのですけど、代理人がつけた説明の場合と、どこかの業者に頼んで説明をつけてもらった場合とで違いはあるのでしょうか？

岡口　もうその辺までくると裁判官はわからないから、**信じるしかない**ですよ。私は、多少プログラミングができるんですよ。でも、そんな裁判官は普通いないですから、もう言われるがままですね。
　昔の医療カルテは、全部ドイツ語だったんですよね。それを全部日本語に直してもらってましたけど、あれなんかもう全部そう信じてましたよ。何も間違いないんだろうなと思って。

半田　カルテは電子カルテになって読みやすくなりましたけど、それでも、例えば病名とか専門用語で書かれているものについては翻訳しますが、これはどうでしょうか？

岡口　カルテの翻訳はもう間違いないと信じてますよ。間違ってるっていうふうに思ったこともなかった。

原　医療訴訟は基本、電子カルテであろうが手書きのカルテであろうが、医療機関側が全部翻訳をつけてくるから特段問題ないと思ってるんです。

問題は、交通事故の被害者側とかをやってる時にカルテを出さざるを得なくて出すときです。電子カルテではそんなに問題ないんですけど、手書きのカルテがクリニック、医院なんかで残ってるところがまだ結構あって。で、そういう方って、英語なんだけど、略語を使われてわからないんですね。そもそも読めないってのもあるんですけど、読めない字に加えて独特の略語を使われて、あるいはスペルが間違っている方もおられて、結局、医学用語の英和辞典を引いても該当するのがない。で、その時はもう**翻訳不能でやっちゃう**んですけど、どうしても必要な時は、当該ドクターに電話をかけて、「これはどういう意味で書いたんですか？」と、聞かざるを得ないっていうところまでやったことありますけどね。

だからカルテで大変なのは医療訴訟じゃなくて、交通事故あるいは労災訴訟かなっていう印象があります。

半田　私も同感です。大きな病院だと電子カルテが多いし、医療訴訟だと被告側でしっかりと訳してくれるんですけどね。ちなみに私の経験で、あまりにも悪筆で書かれているカルテを医療調査会社に翻訳に出したら、「翻訳不能」って赤で書かれて返ってきて。そのドクターに対して書面尋問で記載内容を尋ねたら「**自分でも読めない**」って答えが返ってきてどうしようってなったことがあったんですよ（笑）

岬　そこまでくると何のための記録なのか、みたいなことになってきますね（笑）

5 鑑定意見書

半田　最近、「鑑定意見書を作りますよ」というリサーチ会社の広告を見かけることも増えてきましたが、こういう私的鑑定や研究者の意見書について裁判所がどの程度重きを置いているのかについて聞いていきたいと思います。

まず、国賠訴訟や行政訴訟では、法解釈についての研究者の意見書を出すこともありますが、裁判所ではどう評価されているのでしょうか？

岡口　ここはもうね、**裁判官自身が法解釈の専門家**なので、本当に参考意見ですよね。高名な研究者の意見書で「この学者が言ってるのに……」みたいに言われても、それが**実務の扱いと合ってないと、もう無視しますね**。

半田　逆に言うと、例えば新進気鋭の研究者が書いたものであっても、非常に的を射たものがあれば参考することもありうるのでしょうか？

岡口　いや、しませんね。やっぱりそこはね、**実務と研究者の間の深い溝**があるんですよ。逆に、最高裁の原発訴訟では、最高裁判事のＯＢが書いてきたら、それに影響されたりとか。だから、学者より最高裁判事ＯＢのほうが影響力あるんですよ。

半田　そういう意味では、裁判官的には、誰が書いたかという点も含めて、あまり学術論文系や法学鑑定の内容は意識しないことが多いということですか？

岡口　法学鑑定はどんなに一流の、その世界の第一人者でも、実務と違ってたらダメですね。一番優先順位が高いのは実務の扱いなんですよ。それがないときに初めて、「その道の第一人者の学者が言ってるんだったら」と、それに乗るんじゃないですか。

半田　そうすると、例えば法改正があった場合とか、これまであまり議論されてなかった論点の場合には一定の効果があると。

岡口　法改正があった場合は『一問一答シリーズ』（商事法務）をまず見ますね。債権法改正の請負の担保責任のやつもね、４１５条２項説って学者も弁護士も言ってた。でも、『一問一答』が１項説だったから、裁判所は１項説。

半田　法学鑑定以外の鑑定意見書として事故鑑定、医学鑑定、建築鑑定などいろいろあると思いますけども、例えば交通事故の事故鑑定意見書が原告と被告の両方から出た場合、これは裁判官にとっても判断に苦しむところかなと思うんですが、どうなんでしょう？

岡口　いよいよどっちかわからないときは、正式鑑定をするしかないですね。しかし、普通は、それをせず、裁判官自身が、どっちかに軍配を上げます。
　ただまあ、そこはね、正直素人判断になってますよ。素人なりに考えて、「どっちが自分としてストンと胸に落ちたか」みたいなね、そんな世界なので非常にリスキーだし、訴訟リスクも高いかな。

半田　ある意味、鑑定書の説得力の問題というか、裁判官の感性にどっちがはまるのかというかということでしょうか？

岡口　ドイツと違って、**裁判官は鑑定に拘束されない**んですよ。ドイツはもう完全に鑑定の結果に従うっていうシステムになってるんですけど、日本はね、鑑定結果に従わなくていいんですよ。で、裁判官は総合判断して、自分たちの出した結論に合うほうの鑑定を使ってるって感じがしますね。ロジックと考え方、思考回路として合うほうを使っている。

半田　鑑定で結論に合う部分だけ判決でつまみ食いされたことがあるんですけど、そういうこともありうるんですか？

岡口　日本の裁判所は、自分たちの手を縛らないのが一番の大原則で、あらゆるルールはそういう観点から作るんですね。鑑定にも拘束されないですよ。とにかく裁判官は全て自分で決めることができるようにしていて、そのため、つまみ食いも可能になっているのです。

半田　逆に裁判所が重視しないものはありますか？　例えば、筆跡鑑定は一般の人はすごい好きですけど。あるいは興信所の調査結果とかもよく依頼者が持ってきますが、裁判官的には

「こんなんあってもしょうがないな」ってものとかあります？

岡口　筆跡鑑定は両方で違う意見が出てきますからね。両方読んでもよくわからないですもん。一方からしか出てこなくて、それが裁判官の結論と合ってたら使うこともあるんですが。

　興信所のものは事実関係があれば、そこは使えますけどね。評価ではなくて事実であればね。

半田　交通事故や医療訴訟で、鑑定意見書を作成した医師によって全く結論が違うこともありますけど、こういう場合はどうでしょうか？

岡口　東京とか私的鑑定が結構多いんですけどね。地方はあんまり多くないとか。そうでもないんですかね。

半田　私の経験では滅多にないですけど、ほんとにガチガチに争っているときには双方から出てくることはあります。

岡口　東京は医療訴訟で私的鑑定を両方当事者から出してくる事件も多いんですよ。だからそれで判断できちゃうんだけど、大阪とかだと少ない。そうすると今度は別の専門家が必要になったりしますが、私的鑑定が出てくると、その必要がなくなる。一応、専門的な意見はあるので、そこは意見に乗れるっていう形にはなれて、ありがたいですね。

　で、判断のところは、さっきの繰り返しですけど、裁判官が判断しちゃうんですよ。ある意味、専門家から見たら素人判断になっちゃうリスクがあります。そこは、**裁判官がフリーハンドでありたい**っていうね、その思考が変わらない限り、そこの訴訟リスクは続くと思いますけどね、こういうのは原さんが一番ご経験多いんじゃないですか？

原　地方は患者側で専門医の意見をとるのが正直難しいんです。東京では可能だと思うんですけど。

もちろん協力してくれる医師はいるけど、専門外だと書けないんですね。そうすると、東京で書いてくれる医師を探せるかとかいう話になるけど、これもなかなか難しい。患者側の医療訴訟では、私的意見を取るのがちょっと難しい。だからといって、裁判所から鑑定してもらうのは本当に賭けですから。やるだけの価値があると思えば、鑑定申立てはします。そうすると「探すのが大変で何ヶ月もかかった」っていうのは現実には起こり得ますけど、その結果、現実には裁判所が採用した鑑定人の結果には、おそらくは従ってくれるのかなと。

以前、まさにその意見書にそのまま沿った感じで進めてくれたっていうのはありました。ただ、実情としては、私的な意見はなかなか地方で、患者側ではもらえない。やむを得ず、裁判所を通じて鑑定を申し立てた時はあるけども、基本は、病院が出してくる専門家の意見について、医学的知見をぶつけて弾劾することが多いかなと思います。

半田　私の感覚も変わりません。協力医を見つけるのが一番しんどいですね。

ところで、裁判所が採用した鑑定と、当事者が持ってきた私的鑑定とで、裁判所は証拠価値の差があると考えるのでしょうか？

岡口 そこも、基本は裁判官の心証なんですよ。で、**裁判官の心証に合っているほうを採用するんですね**。ただ裁判官も素人ですから一応、裁判所の鑑定、正式鑑定の結果を採用するのが一番無難なんですよね。そうしておけば誰からも文句言われないんで。だから、いよいよわかんないときは、正式鑑定の結果を採用します。もっとも、正式鑑定を採用せずにして私的鑑定を採用した例もいくらでもある。そこは日本の裁判の、ドイツと違って本当に面白いところだと思います。

半田 私的鑑定だからといって弱いわけじゃない、ということですね。

6 証拠の順番や証拠番号に意味はある？

半田 証拠の出し方の工夫として、五月雨式にいろんな証拠がぐちゃぐちゃっと出てくるのとそうじゃないのとでは読み方・見え方とかにやっぱり違いはありますか？

岡口 裁判官は、**証拠がぐちゃぐちゃに出ちゃうのは慣れてます**。毎日そういう仕事をしていますからね。裁判官は手控えを作って、要件事実を整理してて、証拠はその横にね、「乙○・甲○」と書いてあるんですよ。ただ、まとまっててくれたほうが、もちろん整理がしやすい。あと、まとまってないと整理の時に落とす可能性がありますね。

特に、証拠を追加で出した時は、後ろのほうにあるんですよ。それを拾い損ねている原判決が結構あったり。裁判所に、その事実ごとに必要な証拠をまず見てもらわないといけませんから、わかりやすいに越したことはないと思います。

半田　追加で出すときの証拠番号の工夫ですよね。例えば枝番で、**甲が10まで出てるけど、5に関連するから5の1にする**とかっていいんですか？

岡口　そのほうがいい。裁判官もありがたいと思います。そういうふうに訴訟指揮する人もいますよ。「じゃあそれ甲1の2にしてください」とか。

半田　反訴がある事件で本訴と反訴で証拠がぐちゃぐちゃになることもあります。これは私の経験ですが、併合を求める別訴の提起予定があった事案で、先行訴訟の期日で担当裁判官から「別訴分の原告は先行訴訟の被告だから、別訴の訴状に添付する書証も乙号証で出してくれ」って言われたり、「併合後に併合前の証拠を引用してくれ」「証拠番号は先行訴訟と連番になるように出してくれ」とか、そういう注文が来ることもあるので、「原告は甲号証・被告は乙号証」っていうのも単に便宜なんだなと思ったことがあります。

原　今、半田さんがおっしゃったのと同じことですけど、別訴とか出す時にあえて証拠をつけずに出してみたりしますね。後でどうせ共通化されちゃうから。「最初から無駄に証拠出したって仕方ないや」と思って、あえて証拠を出さずに、事実上併合されたら、まあ本当の併合なんでしょうけど、された後に「もう一回証拠をそこで整理させてください」っていうのをやって、別に問題なく裁判所も「それでいいですよ」って言ってもらったことはありました。

7　送付嘱託・調査嘱託

半田　嘱託の話にいこうと思います。嘱託実施にあたって裁判所と協議したり、調整が必要になったご経験がある方いらっしゃいますか？　意外とすんなり通ってるものなんでしょうか。

岬　最近、相手方から、それまでに出てきていなかった主張を裏付けるための調査嘱託の申出がなされたので、「いや、これまで主張すらしていなかった事項じゃないですか。認められるべきではないと思います」という意見書を書いたら、その後、準備書面が1枚出てきて、「これで主張されてるし、次回陳述されるんだから認められるべきだ」みたいな反論がされて、一応こちらも再反論したんですけど、結局、裁判官はもとの調査事項のまま認めるという不思議な調査嘱託がありました。

調査嘱託って、家裁は探索的なものは絶対に通してしてくれないというイメージなんですけど、民事だったらかなり探索的な調査嘱託も認めてくれるものなのでしょうか？

岡口　民事でも、**探索的・詮索的申立ては認めません**よ。例えば、預貯金の取引履歴であっても、それは調査嘱託によらなければ明らかにならないものなのかとか、そもそもその口座はあるのかといった問題もありますし、また、その名義人の方のプライバシーもありますからね。それが探索的・詮索的に全部暴露されてしまうのはおかしいと、普通の裁判官は考えますよね。

半田　嘱託の採否判断ではどういう審査をしているんでしょうか？

岡口　嘱託の**必要性**をまず審査し、あと、やっぱり**利益衡量**です。「プライバシーを暴露される相手方のそこを侵害してでもその嘱託が必要なんだ」と判断すれば、採用しますけどね。よくあるのは遺産分割で、被相続人ではなくて相続人の預金口座に対する申立てがなされることもありますが、認めないことも多いですよね。

半田　「被相続人の口座から不自然な出金があって、それが相続人の口座に入金されている可能性があるんじゃないか」ってくらいピンポイントで特定してギリギリ、みたいな感じですかね。

岡口　そうですね。

原　今言われた相続人の口座の関係は、私は1度認めてもらったことがあります。
相続人の1人である相手方が被相続人の口座から出金して自分の口座にお金を移したかどうかが争点となった事案で、被相続人本人は銀行に引き出しに行けないから「引き出しに行ったのはあなたでしょ」って言ったら、そのこと自体を否定されたんですね。そうしたら、「じゃああなたの口座を見なきゃいけないね」って話になって、その時だけは相手方の口座も明らかにしてもらったことがありますね。
で、もっと言えば、それで明らかにしたその相続人の口座から、お金が動いていていて。明らかにそのお金で不動産を購入してるんですよ。にもかかわらず、その相手方が「自分は不動産は買ってない。あるとすれば、家族が買ったかどうかだけど、家族が買ってることは知らない」みたいな、わけわからない認否をしてきて。「そしたら家族名義の口座も調べるよ」って言って、家族口座も調べた。

相手方の認否とか、答弁の仕方によっては、必要性を認めれば、ここまで調査嘱託をかけてくれるんだなと思った例がありました。

6 心証形成は究極のブラックボックスだ

1 審理終結のタイミング

半田　次は心証形成です。弁護士から見て、裁判所の心証形成というのは究極のブラックボックスというか、わからないところですし、さらにそれが合議になってくるとなおわからない。訴状の段階で裁判所の心証をリードするっていう話もありました（本書40頁）けども、裁判所の心証形成はどのタイミングでなされているかをお伺いできたらと思います。

岡口　基本的には、心証形成がされ、**「これで判決が書ける」と思えば審理を終えます**。逆に言えばそこまでちゃんと心証が固まらないと結審は難しいということです。ただ、「今立て

込んでいるから終結できない」とか、別の諸事情があって、それで延ばす人もいるので、それは様々なんですけど、基本はそういう考え方じゃないですかね。

で、基本的に、訴状の段階から暫定的な心証はずっとあるんですよね。それを検証する作業をずっとやっているんです。だから「最後は立証責任で切ればいい」って考えちゃっている人は、いつでも終結できるんですけどね。

ただ一応「事実認定の精度は高めていきたい」と裁判官は思っていて、その精度を高める作業をずっとしています。やっぱり尋問とかやったほうがちゃんとわかるようになるし、裁判官としてはそれまでやりたい。特に当事者からの尋問申請だったら、無下に断れないですからそれをやって、**事実認定の精度が高まっていった段階で終結する**って感じです。

半田　「事実認定の精度を高める」っていうのは、要するに「自信を持って判断ができる」という意味なのでしょうか？

岡口　立証責任で切ってしまうのであれば、いつ判断してもいいってことにはなるんですね。要するに「事実は、認めるに足りる証拠はない」ってことで切れちゃいますから。

しかし、裁判官としては、やっぱり、**本当は真実を知りたい**んですね。「真実に従って判決したい」ってみんな思っていて。そうすると、そこにとってもこだわる人は、やっぱりとことんわかるまでやるんですね。だから、いつまでも終結しないですよね。ときどきそういう裁判官がいますけどね。そこはもう納得の問題。大体蓋然性って、8割ぐらいですけど、そこまで行くかどうかをやっぱりいろいろ調べたいんですね。

半田　長崎の研修でも話された（本書19頁）裁判官の実体的真実主義と相対的真実主義にもリンクするところなのでしょうか？

岡口　そうですね。ただ、相対的真実主義の裁判官であっても、最終判断権者の責任の重さってあるので。判断できるけど、心理的なブレーキがかかるんですよね。だから「やっぱりちゃんと調べよう」って、責任感が強い人ほど、なかなか終結できないってこともあります。

半田　納得いくまで調べたいという気持ちもあるんですね。

岡口　そうですね。あと、どうしてもわからない時は、和解に持ち込むとかいろいろあるので、いろんなことを考えながらやっているんですよね。「これはどうもどんなに調べてもわかんない。じゃあやっぱり和解で双方納得してもらおう」って判断したりとか。

2　和解についての裁判官の考え方

半田　心証形成と和解の話に移りましょう。和解勧試のタイミングには、例えば尋問前の和解とか尋問後の和解とか、あるいは訴訟のある程度早い段階で暫定心証に基づく和解とか、いろんなものがあります。この和解のタイミングの違い、代理人はあまり意識してないところはあると思います。そこで、裁判官が和解を提示するタイミングと、それはどういう考え方に基づいているのかを伺えるとありがたいです。

岡口 **尋問前の和解っていうのは、基本的に心証はとれてない。**確定的な心証はとれてないんです。「なんとなくこっちかな」とは思ってて、暫定的な心証はとれているんですけど、そういう前提で和解を勧試してるんですよね。

尋問になると書記官が調書を作ったりしなきゃいけないので、尋問前に事件が和解で終了すると、書記官が助かるわけですよね。そんな政策的な配慮もあったりするので、尋問前の和解ってのは心証がとれてるから勧試してる、ってわけではないです。で、裁判官はね、そういう「今、暫定的な心証で和解を勧試してる」っていうのは、**代理人も理解してると思ってるんですよ。**理解してないって言われちゃうと、逆にショックなんですけどね（笑）

他方、尋問後の和解は、もう判決前提なので、判決と食い違わないようにします。多くの裁判官は、**尋問後の和解が判決と大きく違うのはおかしい**と思っています。和解案を出してそれを蹴られちゃって、判決したら全く違う内容でしたっていうのは、絶対やっちゃいけないってみんなそれをわかってたんですね。でも、原審の記録を見てると、今その暗黙知が伝わっていない若い裁判官が出てきている感じがします。

半田 逆に、裁判官が人証前に和解案を示したが、当事者双方が人証申請をしなかった場合、どうなりますか？

岡口 その場合、そこまでの証拠で判断するしかないので、事実認定の精度は低いけれども、それが一応最終結論になるんですよ。だから、その最終結論に従った和解案だと思います。

人証調べができないと裁判官も不安ですから、**そういう事件は和解で落としたい**ですね。だから、結構粘って和解をしちゃったりもしますかね。

半田　人証調べをせずに判決を書くのは、裁判官からしたら怖いものですか？

岡口　裁判官は経験的に、人証調べをするといろんなことが見えてくるってわかっているんですよ。周辺的な事情が見えて、事件のイメージが変わったりするんですね。そういう経験を何度もしているので、やっぱり尋問はしたいんですよね。で、それをせずに終わらせるってなると、やっぱり怖いから「できるだけ和解で終わらせたい」っていう感覚も働いたりします。

半田　当事者の立場からすると、尋問は負担が大きいのですが、裁判官は尋問で見えてくるものがあると考えていることは意識して訴訟の進め方を考える必要はありますね。

3　合議ってどうやってるの？

半田　合議の話に移ります。単独事件と合議事件で心証形成のタイミングにズレがあるとか、合議事件特有の話があったら教えていただけたらと思います。

岡口　合議といってもいろいろなものがありますよ。東京地裁の通常部なんかだと、実質的な主任が新任判事補ですもんね。で、右陪席は自分の単独事件で手いっぱいで、あれ、ほとんど岡目八目なんですよね。他方、地方の裁判所の合議は主任が新任判事補じゃない。陪席が両方ともそれなりの経験を持ってたりするとね、かなり雰囲気が違っていて。特に、裁判長とその主任裁判官との距離感で結構変わりますよ。で、裁判長が任せちゃってると、主任裁判官の心証通りの判決になったりもするんですけど。

裁判官室ですごく仲がいいところとそうじゃないところがあって。そうすると、きっちり期日ごとに心証を確認し合っている裁判体もあるし、していないところもある。していないところだと、主任裁判官の心証が先走っちゃって、最終合議で裁判長が「**それ全然違う**」って言っちゃったりとかね。そういう時は、心証形成のタイムラグが生じます。だから、どっちのタイプか見極めながらやったほうがいいと思います。特に裁判長は強いですから、後でひっくり返せないように、そこの対策もやっといたほうがいいんですね。弁準とかの時に、なんとなく、「**裁判長はどう思ってますか?**」とか聞いといて、「裁判長もそう言ってますよ」って返ってくるとね、すごくありがたいですね。

半田　弁準の時に、主任と裁判長の認識を探る。

岡口　「裁判長はどんな感じですかね?」とか言って。

半田　そういう視点はなかったです。事前に裁判長と主任裁判官の間で話がついて弁準期日に来てるものだと思ってました。

岡口　弁準の間は陪席に任せてる場合多いですよ。だから主要な争点について裁判長はどう思っているか、主任裁判官に確認しておいてください。

7 控訴審の戦い方、ぶっちゃけてください

なになに？
「既に一回
負けているので、
高裁では、
奇天烈な主張を
ひたすら繰り出し
裁判所を混乱させると
不思議の勝ちあり」
ですって。
本当に
そんな作戦で
いいんですか？
うちらもう
アトがないんですよ？

1 逆転されやすい判決はある？

半田　大変ニーズの高い控訴審のことをお聞きします。

いきなりぶっちゃけ話ですが、控訴審で判決がひっくり返されやすい裁判官とひっくり返されにくい裁判官、あるいはひっくり返されやすい判決、ひっくり返しにくい判決というのはあるんでしょうか？

岡口　控訴審に判決がきたら、高裁裁判官は**担当裁判官の名前をまず見る**んです。そこで「心証」がとれることがあります（笑）。裁判官が誰かってものすごく大きいですね。信頼され

ていない裁判官が一定数いる。そこはもう皆さんにはどうしようもない世界ではあるんですけどね。

半田 判決の内容ではどうでしょうか？

岡口 判決がロジカルにしっかり書けていると、原審裁判官の信用度も上がり、そうすると、事件処理もきちんとしているのだろうなという推定が働くので、割と原審維持に流れやすいですよね。

他方、ロジカルに書けていなかったり、何を判断しているのかよくわからない原判決もありますよね。そういう場合、主任裁判官としては、もう、原審裁判官は全く信じられませんから、イチから記録を検討して、自分で審理判断しようと思いますね。

半田 そのロジカルかロジカルじゃないかっていうのは、代理人の目から見て識別できるものですか？

控訴する側は負けてますから、どれだけロジカルに書かれてても負けてる目線で見るので冷静に読めていない可能性はあるんですが、そこを教えていただけると、控訴すべきかどうかの判断にも繋がると思います。

岡口 そこも基本は同じで、主張整理は要件事実だし、証拠評価は間接事実＋経験則による主要事実の推認ですよね。その**基本がしっかり押さえられている原判決は安心して読めます**。

原判決がそういう基本的なロジックをしっかり押さえているものであれば、その部分では、控訴審裁判官の信頼を獲得していますから、代理人としては、あとは証拠評価とかで争うしかないですよね。

控訴審裁判官は、原判決の内容自体に問題がなければ、それを記録と見比べます。すると、とてもよく書けていたと思われた原判決が、実は、**記録を読むと全然ダメダメ**だったりすることもあります。前提が全然違っていたりとかですね。で、そういうこともあるので、私は、原判決より先に記録を読むようにしていたのです。

2 控訴審での戦い方

半田　記録を見比べてということになりますけども、どういう着眼点で控訴を棄却するのか、あるいは控訴を認めるか。

これが我々からするとブラックボックスの極地だと思うんです。

岡口　**高裁裁判官以上に忙しい裁判官はいない**んですよ。福岡はわかりませんけど、私が行ったことのある、東京とか大阪と仙台とか、みんなそうだったんですよね。だから、できたら控訴理由だけ排斥して控訴棄却で終わらせたいんですよね。その処理が一番簡単なので、それを狙ってるんですね。

だから、控訴人としては、そうさせないようにするってことです。つまり、いかにして、控訴理由を排斥して控訴棄却、っていう定型パターンに持ち込ませないか。それは控訴理由をきちんと書くってことになるんですけど。陪席としては、裁判長だけ説得できればいいので、原判決と控訴理由書だけ見て「これ原判決はこうでこういう控訴理由だから簡単に切れますよ。全然大丈夫です」とか言われちゃうと、それで終わりなんですよね。そこで、そうさせないってことなんですかね。

半田　陪席裁判官に「控訴を簡単に切れない」と思わせて合議に持ち込めば目はある、と。ではどう原判決を批判すればいいんでしょうか？「証拠を読み間違えてる」とか「経験則に間違いがある」とか「謎な総合判断をされてる」とか、そういうところが批判すべき点なのかなと思うんですけども、どういうところに着目して原判決を批判的に検討すればいいのか教えていただけますか？

岡口　最近、変な原判決が多いんですよ。基本を押さえていないやつですよね。

今、新様式になっちゃってるから、裁判官が**要件事実を理解しているかわからない判決が結構多い**し、それの確認もできないって、本当によろしくない。ただそれでも、高裁裁判官はベテランなので、要件事実教育を受けている人たちですから、ちゃんと分析するんですよね。「この訴訟物で、こういう要件事実だよ」と、ロジカルに分析していって、「なんでこういう結論になるのかな」っていうね。そもそも**主張整理的におかしいって判決も結構ある**。で、そうすると、もう高裁でもやり直しなんです。主張整理がダメだから、高裁で主任裁判官がイチからやり直すんです。このように、まず「主張整理がダメ系」のものがありますね。これは、きちんとした陪席裁判官であれば、ちゃんとやり直してくれますけど、そうしてくれない人もいたりする。でも、「主張整理がダメ系」ってのは、要は双方代理人もダメだったということ。だから、そうなっちゃってるところもあるので。代理人が代わったりするとね、そこを指摘してくれたりするんですけど。

訴訟物がきちんと押さえられてないのも結構あるんですよ。新しい代理人がついた時には、その展開が結構あったりもしますけどね。こういう「そもそもダメ系」は、それに代理人が気づけるかって話があるんですけど、1回終結しない場合が多いですね。

あとはさっき半田さんがおっしゃられた「総合判断系」ですね。**「総合判断系」は結構、攻めるところがある**と思いますね。

特に、経験則って本当に裁判官によって違うので。高裁で裁判官が代わると、また別の経験則を持たれていますからね。そこは攻めどころだと思います。「この間接事実からすれば、経験則上、当然こうなるはずなんですけど、原判決はそうなっていないんですよ」ってことで、攻めちゃうとかね。そういう場合なんかも「じゃあ、もうちょっと調べてみよう」っていう話になってきますね。

半田　確かに私の経験でも、総合判断とか利益衡量の判決は控訴審でひっくり返る傾向が非常に強いので、その種の判決は警戒して読むようにします。

岬　控訴理由書では、原判決で作られた心証を崩すのがポイントということでしたが、崩し方のパターンとしては、どのようなものがあるのでしょうか？

岡口 そうですね、原判決で作られた心証の崩し方のパターンとしては、長崎でもお話したとおりですが、

①「原判決は、こんなにも、見るべき証拠を見ていない」というふうに、原判決が説示に用いなかった証拠を並べたてて、原審裁判官が、記録もろくに読まずに判決をするタイプであるという印象を植え付けるというパターンや、

②「原判決のストーリーは、完全に的外れ」というふうに、原審裁判官が自分で独自のストーリーを作ってしまう人で、事案の全体像の把握ができないタイプであるという印象を植え付けるというパターン、

③「原判決は、被控訴人の準備書面や陳述書そのまんま」というふうに、原審裁判官が、敗訴当事者の主張や立証を吟味することなく、安易に勝ち筋のほうの話に乗っかるだけの雑な仕事をするタイプであるという印象を植え付けるパターン

というのがありますかね。

岬 今お話いただいた3つ以外のパターンもありますか？

岡口 原判決の裁判官が全然ダメであれば、もうそれはもう攻めまくれると思います。

岬 4つめのパターンとして、④「原判決のここが全然ダメなんだ」というふうに、原判決のダメなところをひたすら書くというものもあるということですね。

岡口　高裁にいると、今の裁判官のレベルがどんどん下がっているのをすごい感じますね。

半田　続行するかしないかも、かなりブラックボックス感があって。どういう場合に裁判所は高裁で期日を続行するのですか？

岡口　**基本は1回終結です**。基本を2回終結にした裁判長がいて、未済件数が倍増したという話は長崎でもしましたよね（本書86頁）。

ただ、結論を変える場合は続行することもあります（続行しないこともあります）。逆に言えば、1回終結されてしまれば、そのまま控訴棄却の可能性が高いということです。

それから、社会の耳目を集めている事件では、裁判所が慎重に審理していることをアピールするため続行することがあります。

さらに、私は、個人的に、原判決の主張整理がぐちゃぐちゃな事件は続行していました。主張整理は全ての入り口でして、そこがしっかりできていないと、争点もわからないし、争点がわからないと集中証拠調べで何を調べるべきなのかもわからない。

そのため、原審が、全く意味のない尋問とかをしてくるわけです。そんな事件処理しかされていないのに、高裁が、それに目をつぶって1回終結してしまうというのが、私には、どうしても許せなかったんですね。時間はかかるけど、高裁で全部やり直していたというわけです。

半田　逆に被控訴人の立場として、「この控訴理由書はそれなりに理由が通りそうだ」「痛いとこ突いてきたな」っていう時に、控訴棄却に持っていくために一矢報いる余地はあるんでしょうか。逆に言うと、痛いところを突かれてしまうと、もう被控訴人のほうは手は出せないのかっていうところをお伺いしたいんですけど、どうでしょうか？

岡口　被控訴人代理人としては「まずい」と思っていて、でも裁判官は気づいていないかもしれないですから、あまり争いを広げないほうが得策だったりしますけど。ただ、これもまた1回終結問題があってね、非常にリスキーなんですよね。

本来あるべきプラクティスとしては、やっぱりひっくり返す時はね、主張立証を2～3回往復させるべきなんですよね。でも今、そういう場合でも、1回終結しちゃうことがありますからね。

だから、それが本当によろしくなくて、そうなるとやっぱり「ちゃんと言っとかなきゃいけない」ってことで、「リスクはあるけど、でもやっぱりきちんと潰しとかなきゃいけない」っていう話になりますかね。

3　控訴審での証拠の追加提出

半田　控訴審で追加証拠を出すこともあるわけですけども、その辺の扱いはどうでしょうか？例えば、控訴人側から原判決を争う形で新たに証拠が出されるとか、あるいは被控訴人側から控訴人の主張に対して、控訴人の主張を崩せるような証拠が高裁でいきなり出てくることもあるとは思うんですが。

岡口　いろいろパターンがあって。例えば、原審裁判官の力量とかで、「普通の経験則だったら、こういう判断するでしょう」というときに、そういう判断をしない原判決が出ちゃったときは、たまらずそこの追加証拠を出しますもんね。

或いは「こんな証拠まで出さなくても、認めるでしょ」と思って、あんまり出さなかった結果、原審が弱気な判断をしちゃった。そこを確実に認定させるために、追加で出しちゃうとか、そういうのはありますよね。ただ、基本は時機後れなんですよ。「**なんで原審で出さなかった**」っていう話にはなるんですよね。

あとは、裁判官がとんでもない事実誤認的な勘違いをしちゃってて、ただ、記録的には確かにそうも読めちゃう時とか。そういう時も、そうじゃないことを示す証拠を出さなきゃいけない。だからやっぱり、原審裁判官がちゃんとした判断をしてない時なんですよね。

そういう時は新しい証拠で、そこをちゃんと説明しなきゃいけない場面になってきて。原審裁判官がちゃんとしてる人だったら、そんな風にはならないですけどね。

半田　そうすると、原審裁判官の誤解とか誤認を正すという意味では証拠の追加をする価値はあるけども、基本的には原審で出せるものだったら出しとけと。

岡口　もちろんそうですよ。控訴審はそもそも、そういうもんですよね。

半田　教科書的には続審の建前なんですけど、やっぱりもう完全に事後審化してるってことなんですかね。

岡口　そこはそうなんですよ。ときどき、続審的に「全部イチからやろう」とかいう裁判長もいますね。でも、陪席は堪ったもんじゃないですね。

4　引用型判決の読み方

半田　高裁判決が「引用型の判決」になるのも、やっぱり忙しすぎることに原因があるんですか？

岡口　そうですね。それに、書くのも楽ですから。イチから書くのは大変なんですよ。

半田　ある弁護士は、「判決をＯＣＲにかけて、引用部分だけコピペで張り替えて読んでる」って言ってました。「作業が大変なので高裁が原判決のデータをもらってイチから書いてほしい」ってその弁護士はぼやいていましたが。

岬　依頼者によっては、もうそれをやってあげるしかわかってもらえないですもんね。

岡口　なんか一時期、埋め込み型ってありましたよね。でもなくなりましたね。

5　裁判官と代理人の認識のギャップ

半田　控訴審で、原判決がひどいのに、控訴棄却の心証だったり、あるいは被控訴人で、「この判決はそれなりにしっかりしてる」と思ってたのに、いきなり控訴認容・原判決破棄の心証開示をされたりしてびっくりしたことがありますが、裁判官の心証と弁護士の認識のギャップはなぜ起きるんでしょうか？

岡口　ここも、1回終結問題が関わってると思うんですけど、高裁裁判官って、結局記録を見る時間があまりにも短いんですよね。原審裁判官は1～2年その事件を担当していますから、なんだかんだ考えながらやって、記録外や判決に表れていないこともわかってたりして。

他方、高裁裁判官はわずかな時間で、まずどういう事件かを掴むんですけど、**掴み間違いのリスク**がありますよね。

高裁も半年ぐらいやってれば、もっときちんと事件を把握できるのでしょうが、その時間が全くないんですよ。とにかく1回終結しちゃうんで、代理人は「え？」って思うことがあるんじゃないですかね。

半田　それを防ぐためには、どういうふうにすればいいんでしょうかね。

岡口　「こういう筋の事件ですよ」ってわからせるためにある程度時間をかけないといけなくて、終結を抵抗するとか。あと、終結をとにかく防いで、弁準とか和解で「こういう事件なんですけどね」って、事件の雰囲気とかを教える。事件の筋読みを間違えられちゃうと、もう終わりなので。

半田　事件の本質というか、事件の温度感をどうやって控訴審の裁判官に伝えるかっていう感覚は、これまでの控訴関係の話で聞いたことはなかったのですが、なるほどと思います。

岡口 ある弁護士は、第1回期日前に面談を求めていましたね。結構、それに応じてましたよ。第1回期日前面談を入れるとかは効果的かもしれません。

8 時間いっぱいまで、教えて岡口さん！

1 岡口さんから見た現在の法曹

半田　少し話題を変えて、スキルアップや研修の話を伺います。裁判官は内部研修がないと聞きますが、本当ですか？

岡口　わずかにあります。例えば3年目研修とか10年目研修とかあるんです。10年目研修は、「今後もしかしたら裁判長になるかもしれないから」と、裁判所の組織や、要するに司法行政についての話とか部の運営のあり方とか、そういうのですね。3年目研修は、保全とか執行とかの研修をやります。ただ、3日くらいしかないし、各1コマ2時間とかで。全然そんなの身につかないですね。それ以外の研修はないですね。

半田　そうすると、要するにＯＪＴで、自力で研鑽しろってことですよね。

岡口　そうですよね。

半田　要件事実の話も、特に若手の裁判官がイマイチみたいにおっしゃってましたけど、それは高裁から見ていても気づくところはあるんですか？

岡口　はい。まあ教わってないんだから、しょうがないですよね。だから彼らが悪いんじゃなくて、制度が悪いんですよね。

半田　要件事実をしっかり学ぶにはどのような方法があるでしょうか？

岡口　昔の２年間の要件事実教育の復活が一番いいと思います。あれがもうないから、基礎がないって感じです。今、民事局が、一生懸命、民事裁判官に号令をかけて「争点整理をやれ」って言ってますけど、基礎がないからうまくできないわけですよ。テクニック論ばっかりみんな言ってて。でも結局小手先のものしかなくて、やっぱり主張整理する以上は主張整理能力がないとダメ。で、それは要件事実なので、そこまで基本に戻らないと、って思うんですけどなかなかそういうふうにならないですね。

半田　要件事実以外で、訴訟態度とか書面の書き方とかで、上手いなとか、イマイチだなとかっていうのはありますか？

岡口　その業界の暗黙知がわかっているか、ということもありますかね。最近の即独の人とかは誰にも相談できないし、しょうがないと思いますけど。裁判官に対して、ものすごい攻撃的なことを言ってくる人もいますね。ああいうのって普通考えられないですからね。

岬　岡口さんが見た中で一番ひどかった代理人の態度を教えてもらえますか？

岡口　高裁で裁判長に怒鳴る代理人がいました。裁判長が怒鳴り返してましたけど（笑）

半田　大ベテランの先生にたまにいますけどね。「今の訴訟指揮はなんだ！」ってやる人が（笑）裁判官や弁護士の文章力はどうでしょうか？

岡口　唸らせる文章を書く人も減りましたよね。昔は「本当そうだね」って最後に思えちゃう文章があったんですよ。私も人のこと全く言えないですけど。

半田　高裁から見て、1審の判決で唸らせる判決はありました？

岡口　これも本当に減りましたが、ときどき「よくここまで調べたね」って関心して唸る判決はあります。逆に最近は、ちゃんと調べてないのが増えてますよね。「もう本当に、とにかく事件を落としたいんだな」って判決はすごいあって。「ここで終わらしちゃダメだろ」ってとこで終わっちゃってる。

半田　若手法曹に向けて、今後こういう訓練や研修を受けたほうがいいよ、あるいはこういうふうなところに注意したらいいよということがあれば教えていただけますか？

岡口　**一番基本的なところをやったほうがいい気がしますね**。交通事件みたいに、請求原因しかないみたいな事件はみんなできるんです。でも、請求原因が複数になったり、抗弁が複数になったり、あるいは、訴訟物が複数になったり、複雑になると途端にダメなんですよね。実はね、皆さんがやってる事件も基本的には請求原因だけなんですよ。医療訴訟とかみんなそうですしね。要するに要件事実以外のとこ、専門訴訟になればなるほどそうなっていくんですよね。そういう事件は皆さんきちんとやってくれるんですけど、訴訟物が複数になって、請求原因や抗弁がたくさんあり、ブロックダイヤグラムで複雑になっていくようになると、途端に誰もできなくなる。

今そこなんでしょうね。ただ、そういう事件ってあんまり来ないんですよ。だから別にそういうのができなくても弁護士は全然大丈夫なんですよね。

そういう複雑な事件は結局、今、誰もできない。弁護士もできない、裁判官もできないんで。ぐちゃぐちゃになった事件が高裁に上がってくるんですよね。で、高裁で全部やり直してるんですけど、そこをなんとかできないかなと思ってたんです。となると、やっぱり複雑に絡み合ってる、主張整理が大変な事件の処理の研修が一番求められてるところかなって気はしますけどね。

2 裁判官に刺さる文献

半田　次に本について伺います。どんな文献が裁判官に刺さるかということです。裁判官が悩んだらこれを読んでるとか、この文献を引けば比較的刺さりやすいとか。

岡口　それは**裁判官室にある本**がいいんじゃないですか。裁判官室にある本は裁判官も見ますから。基本的に裁判官が書いてる本ですよ。『最新裁判実務大系シリーズ』（青林書院）とか、労働だと『類型別　労働関係訴訟の実務〔改訂版〕Ⅰ・Ⅱ』（青林書院）とか。要するに裁判所の多数派の意見に従いたいんですね。裁判所の前例とか、裁判所の多数派の意見、そういうのを書くと間違いないですね。

半田　筋を考える上でも一つの参考になると。ただ、裁判官室に何があったのかは、さすがに修習生の時の記憶がなくて。修習生に聞くのが手っ取り早いと思いますが、私が担当している今年の修習生は民裁が終わった後に弁護修習だったんで、そのチャンスがありませんでした。弁護修習が先だったら、裁判官室の蔵書リストを全部メモってくるようお願いできたのに（笑）

岡口　最高裁のはね、ときどきネットに出てますけどね。あと、最高裁が送りつけてくるのもありますよ。伊藤眞の『民事訴訟法』（有斐閣）とか。

半田　管財人として、田原睦夫・山本和彦監修の『注釈破産法（上・下）』（金融財政事情研究会）を引用した書面を出したら「裁判官室にないから該当箇所の写しを送ってください」って言われたことがあります。

岡口　伊藤眞『破産法・民事再生法』（有斐閣）はありましたね。

半田　民事部の裁判官に「蔵書見せてください」って頼んでみようかな。裁判所の図書室は弁護士がお願いしたら入れるんですけど、裁判官室は無理ですもんね。

3　裁判所の裏側

中村　これは本題と全然違うんですけど、最近ちょっとX（旧Twitter）で気になった話で、「訴状とか判決の下書きとかの写しを書記官さんがコピーして裁判官に渡す。それは書記官さんの本来の仕事なのかどうなのか」みたいな。弁護士と裁判所職員が激しい議論をしていたんですけど、そこはどうなんですかね。

岡口　「裁判官が自分でやれ」っていうことですかね。

中村　書記官の匿名の方は、そういう論調でした。

岡口　知財部とかは、3部写しを出させているんですね。つまり、代理人が作っているんですよね。通常部はそういうのをやってないから、書記官が作ってるんですよね。合議とかだと3部必要ですから。Mintsとかだと、それは必要なくなったんでしたっけ？

中村　そうですね。Mintsはデータで出せるから助かるっていう人もいますね。

岡口　Mintsができて、3部出さなくてよくなったとか。だから、そういう意味では、将来的には解消される問題なんじゃないですか。

中村　弁護士は事務局さんが作ってくれることが多いので、それと同じ感覚で考えて、「書記官の仕事じゃないの？」みたいな話も出て、「いや、それは書類の作成事務には当たらないんだ」みたいな。なんか不毛な議論にもなって、ちょっと面白いなと思った次第なんですけど。

半田　最近ではｗｅｂ会議でも書記官が入らないこともありますし、電話会議も電話を繋いだ段階で書記官が退席することもあります。いろいろと書記官事務が多いと聞くこともありますので、忙しい中で多分その書記官の方も「それぐらい裁判官がやれ」と思ったんでしょうね。

岡口　書記官は今、残業があまりできなくなっているんですよ。月30時間とか決めちゃったんですよね。

半田　確かに裁判官も尋問の終了時間を気にするなど、書記官の残業時間をすごく意識するようになっている印象を受けます。

岡口　書記官は送達とかやってると、時間が来ちゃうんですよ。郵便屋さんみたいになってて。

半田　送達事務は大変らしいですね。あといろいろな方が来られる受付業務も大変そうです。「受付と送達事務が一番しんどい」って聞いたことあります。

岡口　昔はね、書記官は22時ぐらいまで残ってたんで、判決チェックとかやってもらってたんですけど、あれもできない。今は裁判官は自分で判決チェックやってますよ。

岬　裁判官も期日ごとに手控えを作られているじゃないですか。修習生のときに見せてもらったら、裁判官ごとにまったく違ったのですけど、あれって基本的にはどういうことを書かれてるのでしょうか？

岡口　本当に人によると思います。一番きちんとしてる人はちゃんと最初から、訴訟物と要件事実、それから認否、それから証拠、それらをずっと並べてる。それがその事件の主張立証に関するところです。それとは別に期日管理で、次回期日は何時とか、それを両方きちんと作ってるのが一番ちゃんとしてる人ですよね。他方で、期日管理だけの人もいますしね。その間でいろいろ幅があるんじゃないですかね。

半田　記録に付箋をペタペタ貼っている裁判官もいますね。

岡口　それがまたよく落ちるんです（笑）

半田　私も手控えメモを付箋に書いて記録に貼っているのですが、鞄の中に記録から剥がれた付箋だけが遺留されてて「あれ、これはどの記録に貼ってた付箋だっけ？」って考え込んだことがあります（笑）

最後になりますが、アンケートで「中村先生のイラストとギャグが大好きなんですが、どこでそのインスピレーションを得ているんでしょうか？」という質問が入ってました。

中村　いやもうそれは本当に生来のひねくれた性格の結果なので。X（旧Twitter）とかネットとかニュースとか、何を見てもそういうふうに思ってしまうんです。

半田　中村さんのアンテナの感度の高さとセンスはすごいですよね。

中村　いやいや、無理してるんですよ大分。

おわりに

前作『裁判官！　当職そこが知りたかったのです。』は、おかげさまで、多くの法律実務家のみなさんにご支持をいただきました。

「これを本の世界に閉じ込めておくのはもったいない。現実社会でリアルに再現できないだろうか」

最初に、そういう企画を持ち掛けてくれたのは、大阪弁護士会春秋会のみなさんでした。「それは面白い」ということで、私と中村真先生は、同会の幹事の方々と、その企画を作り上げ、それを同会の研修会で披露しました。すると、その噂は、他の弁護士団体にも広がり、同様の研修のリクエストが続き、これまで、全国各地の弁護士会や弁護士団体で、それを実現してきました。

そんなとき、「こういう面白い研修は、本にしないともったいない」という提案をしてくれたのが、九州弁護士会連合会の先生方でした。このような経緯で完成したのが本書です。

以上のように、本書は、リアルな研修を書籍化したものであり、当日の状況をなるべくそのまま再現しています。そのため、若干、説明が舌足らずであったり、わかりにくかったり、説明が重複していたりするのですが、ライブ感を出すため、そういうのも、基本的にはそのまま収録してもらっています。

さて、本書は、民事訴訟の手続の全般について、なかなか聞けない裁判官の本音が赤裸々に語られるというものです。しかし、そういう私も2024年4月に裁判官ではなくなりました。そして、それから1年近くが経過した今、早くも、自分が裁判官であった頃の記憶がどんどん薄れていっていることが顕著にわかります。裁判官は退官後にいろいろ本を書けると思っていましたが、実は忘却との戦いが待っていたのです。

幸い、本書は、まだ私が裁判官であった時期にされた研修の再現です。こうして書籍にしてもらったことは、実は、私自身にとっても大変に有り難いことであったのです。そのことを、裁判官時代の記憶が失われてゆく中で、しみじみと感じております。

本書が、前作同様、裁判官の貴重な本音を知ることができるものとして、法律実務家のみなさん、そして、将来の法律実務家のみなさんに読み継がれていっていただけると幸いです。

2025年3月　岡口基一

中村　真（なかむら・まこと）

略歴：2000年　神戸大学法学部卒業
2003年　弁護士登録
2014年　神戸大学法科大学院講師（ローヤリング）
2015年　経済産業省中小企業庁・経営革新等支援機関認定
神戸簡易裁判所民事調停官（～ 2019 年9 月）
2018年　中小企業診断士登録
2020年　兵庫県弁護士会副会長
2021年　神戸大学大学院法学研究科　法曹実務教授
神戸大学大学院法学研究科後期博士課程修了（租税法専攻）

ブログ：「WebLOG 弁護士中村真」（http://nakamuramakoto.blog112.fc2.com/）
ウェブサイト：https://nakamuramakoto.com

主要著書等：『世にもふしぎな法律図鑑』（日本経済新聞出版、2025年）、『一生使えるスキルが身につく！　弁護士１年目の教科書』（学陽書房、2024年）、「所得税確定方式の近代及び現代的意義についての一考察―我が国及び豪・英の申告納税制度導入経緯を中心として―」（神戸大学大学院法学研究科博士論文、第一法規『自治研究』通巻1196～1198号、2023年）、『新版　若手法律家のための法律相談入門』（学陽書房、2022年）、『まこつの古今判例集』（清文社、2021年）、『実務家が陥りやすい　破産管財の落とし穴』（編集委員、新日本法規、2021年）、『実務家が陥りやすい　相続人不存在・不在者　財産管理の落とし穴』（編集委員、新日本法規、2020年）『破産管財ADVANCED―応用事例の処理方法と書式―』（編著、民事法研究会、2020年）、『相続道の歩き方』（清文社、2018年）、『破産管財PRACTICE―留意点と具体的処理事例―』（編著、民事法研究会、2017年）、『若手法律家のための法律相談入門』（学陽書房、2016年）、『要件事実入門』（マンガ）（創耕舎、2014年）

■著者紹介

岡口　基一（おかぐち・きいち）

伊藤塾専任講師

略歴：1990年　東京大学卒業
1994年　浦和地方裁判所判事補
2004年　福岡地方裁判所判事
2015年　東京高等裁判所判事
2024年　裁判官退官

主要著書等：『要件事実マニュアル　第７版　全５巻』（ぎょうせい、2024年）、『民事執行マニュアル　上巻・下巻』（ぎょうせい、2024年）、『要件事実入門　紛争類型別編第３版』（創耕舎、2024年）、『破産・再生マニュアル　上巻・下巻』（ぎょうせい、2023年）、『ゼロからマスターする要件事実――基礎から学び実践を理解する』（ぎょうせい、2022年）、『最高裁に告ぐ』（岩波書店、2019年）

佐藤　裕介（さとう・ゆうすけ）

略歴：2001年　九州大学法学部　卒業
　　　2009年　九州大学大学院法務学府（法科大学院）　卒業
　　　2010年　弁護士登録（福岡県弁護士会・新63期）
　　　2012年　九州弁護士会連合会研修委員会　委員（現在事務局長）

主要著書等：『消費者事件実務マニュアル〔第２版〕―被害救済の実務と書式―』（一部執筆）（民事法研究会、2023年）

横田　雄介（よこた・ゆうすけ）

略歴：2007年　日本大学法学部　卒業
　　　2010年　明治大学専門職大学院法務研究科法務専攻（法科大学院）　卒業
　　　2013年　弁護士登録（長崎県弁護士会・新66期）
　　　2015年　九州弁護士会連合会研修委員会　委員

岬　孝暢（みさき・たかのぶ）

略歴：2010年　明治大学法学部卒業
　　　2012年　早稲田大学大学院法務研究科卒業
　　　2014年　弁護士登録（沖縄弁護士会・新67期）
　　　2017年　長崎県弁護士会に登録替え
　　　2021年　経営革新等支援機関認定・中小企業診断士登録
　　　　　　　九州弁護士会連合会研修委員会　委員

原　章夫（はら・あきお）

略歴：1983年　京都大学法学部　卒業
1988年　弁護士登録（長崎県弁護士会・40期）
2009、2010年　長崎県弁護士会会長
2021年　日本弁護士連合会副会長

主要著書等：『Q&A　高齢者・障害者の法律問題〔第２版〕』（日本弁護士連合会高齢者・障害者の権利に関する委員会編、一部執筆）（民事法研究会、2007年）

半田　望（はんだ・のぞむ）

略歴：2003年　立命館大学法学部　卒業
2005年　立命館大学大学院法学研究科博士前期課程　修了（法学修士）
2006年　京都大学法科大学院　中退
2008年　弁護士登録（佐賀県弁護士会・旧61期）
2013年　九州弁護士会連合会研修委員会　委員（現在副委員長）

主要著書等：『社労士との連携で、早期に適切なアドバイスを！―弁護士として知っておきたい労働事件予防の実務―』（編著）（第一法規、2024年）、『企業の悩みから理解する弁護士として知っておきたい中小企業法務の現在』（共著）（第一法規、2021年）、『接見交通権の理論と実務』（一部執筆）（現代人文社、2018年）

裁判官！　当職もっと本音が知りたいのです。

―民事訴訟の説得力が上がる本―

2025年 3月21日　初版発行
2025年 3月24日　2刷発行

著　者　岡口《おかぐち》基一《きいち》・中村《なかむら》真《まこと》・原《はら》章夫《あきお》・半田《はんだ》望《のぞむ》
佐藤《さとう》裕介《ゆうすけ》・横田《よこた》雄介《ゆうすけ》・岬《みさき》孝暢《たかのぶ》

発行者　佐久間重嘉

発行所　学陽書房

〒102-0072　東京都千代田区飯田橋 1-9-3
営業部　電話　03-3261-1111　FAX　03-5211-3300
編集部　電話　03-3261-1112
https://www.gakuyo.co.jp/

ブックデザイン／LIKE A DESIGN（渡邉雄哉）
DTP制作／日本ハイコム　印刷・製本／加藤文明社

★乱丁・落丁本は、送料小社負担でお取り替え致します。
ISBN 978-4-313-51216-0　C2032

定価はカバーに表示しています。